Philippe Izmailov
Mijn weg naar geluk

Een gids voor zelfhulp om je weer

goed te voelen en in jezelf

het geluk te vinden

Copyright © 2012 Philippe Izmailov

Alle rechten voorbehouden. Behoudens de uitdrukkelijk bij wet bepaalde uitzonderingen mag niets uit deze uitgave worden verveelvoudigd, opgeslagen in een geautomatiseerd gegevensbestand of openbaar gemaakt, op welke wijze ook, zonder de uitdrukkelijke, voorafgaande en schriftelijke toestemming van de uitgever. No part of this book may be reproduced or transmitted in any form or by any means, electronic or mechanical, including photocopying, recording or by any information storage and retrieval system, without the written permission of the Publisher, except where permitted by law.

Auteur of uitgever kunnen niet verantwoordelijk gesteld worden voor mogelijke nadelen die lezers door eventuele onvolkomenheden in het boek zouden kunnen ondervinden. Het advies en technieken die zijn opgenomen in dit boek kunnen niet geschikt zijn voor uw situatie. Raadpleeg een specialist voordat u met Mindfulness based trauma treatment begint.

www.philippeizmailov.nl

De eerste druk
ISBN: 978-94-91612-00-8
© 2012 Uitgeverij Selfdiscovery

Ik vergeef jou

Philippe

INHOUD

Wat is er met mij aan de hand?	9
Opslagplaats van herinneringen	16
Nare herinneringen zoeken een uitweg	20
Invloed van opvoeding en omgeving op omgaan met emoties	23
Wat noem ik een trauma in dit boek?	25
Philippe-reactie	28
Mindfulness based trauma treatment	31
Wat is trauma-meditatie?	33
Stap 1. Take-off	35
Stap 2. Trauma-hunting	39
Stap 3. Trauma-programmering	51
Stap 4. Trauma-paradijs	63
Logboek van mijn trauma-meditaties	67
Hoe ik veranderd ben	174
Do's en don'ts van trauma-meditatie	175
Waarvoor kun je de trauma-meditatie gebruiken?	181
Geldzorgen verlichten	185
Proces van vergeven en loslaten	195
Werkgedeelte	215
Metaforen	227
Nawoord	233
Verklarende woordenlijst	235

Wat is er met mij aan de hand?

Het is 4 April zondag, Pasen. Jezus is opgestaan uit zijn dood, op de derde dag na zijn kruisiging. Ik ben vastgelopen in mijn leven. Ik slik antidepressiva en weet niet meer wat ik met mijn leven verder moet. Over een paar maanden word ik 33 jaar.

Ik heb alles bereikt wat ik wou bereiken. Ik heb mijn huis, opleiding, carrière, auto, een relatie. Precies zoals ik het in mijn droom voor ogen had. Ik heb altijd gedacht dat de vervulling van mijn dromen mij gelukkig zou maken. Waarom voel ik mij dan zo ongelukkig? Ik heb jarenlang keihard gewerkt om dit voor elkaar te krijgen. Zijn vijf jaar universitaire studie in Rusland, vier jaar HBO in Nederland, hard werken aan mijn carrière en alle andere inspanningen voor niets geweest? Hoe komt het dat mijn droom zo gefaald heeft? Heb ik misschien mijn droom verkeerd uitgekozen? En waar komen die nare emoties vandaan die mijn leven zo zuur maken? Zij hebben mij gevangen genomen. Ik krijg ze niet meer van mij afgeschud. Zij zijn nu de baas. Ik doe mijn uiterste best om mij ergens anders op te focussen, zoals ik dat de afgelopen twintig jaar gedaan heb, maar ik kan het niet, al sla je mij dood! Wat is er met mij aan de hand?

Eerste ontmoeting met de psychologe

Eind juni. Het voelt plakkerig warm buiten. Onderweg naar mijn psychologe praat ik in mijn gedachten tegen mezelf. Wat ga je nou daar vertellen? Je herinnert je niets wat misschien de moeite waard zou zijn om met de psychologe te bespreken! Ik maak mij zorgen daarover en ik voel mij schuldig omdat ik haar tijd niet wil gaan verdoen.

Bij aankomst word ik ontvangen door een slanke vrouw met kort blond haar in een lichtgroen jurkje en een vriendelijke glimlach. Zij lijkt erg op de frontwoman van de band Roxette. Ik vraag mij af hoe oud zij zou zijn. Maar dat ga je toch niet vragen! Zeg ik tegen mijzelf. Naar mijn schatting is zij ietsje ouder dan ik ben. Ik moet meteen aan een film denken met een cliënte die met haar psychologe een relatie krijgt. Dat gaat mij toch niet overkomen!? Jij hebt de liefde van je leven al gevonden, zegt een stemmetje vanbinnen. Is zij geen lekker ding? Vraagt een ander stemmetje. Kom op Philippe, waar ben je nu mee bezig! Jij bent hier voor heel andere dingen! Weet je nog??

Mijn psychologe geeft mij met een glimlach haar hand, stelt zich voor als Jennifer en vraagt mij om plaats te nemen. Het gesprek verloopt erg moeizaam. Als een jongetje leer je in Rusland om een echte man te zijn. Dat betekent dat een bezitter van het mannelijk geslachtsorgaan niet mag zeuren, klagen, huilen of nare gevoelens uiten. Hij moet zich altijd in de aanwezigheid van een vrouw als een "echte" man gedragen. Dat doe ik dan ook. Niet omdat ik dat wil, maar omdat ik zo in elkaar zit. Gelukkig heeft Jennifer veel geduld met mijn "Russische mannelijkheid". Zij vraagt mij over mijn leven te vertellen. 'Over mijn leven?' vraag ik. Ja, zegt zij met zachte stem. Waar jij geboren bent, hoe jouw jeugd verlopen is en hoe jij van Rusland naar Nederland geëmigreerd bent.

Ik begin over mijn jeugd te vertellen. Al snel loop ik daarin vast. Als een vulkaanuitbarsting komen heftige emoties naar boven uit de donkere dieptes van mijn verleden. Ik voel een enorme boosheid en verdriet. Ik sta op het punt om te gaan huilen wat ik niet kan. Echte mannen huilen niet, zo was mij aangeleerd. Ik durf Jennifer niet aan te kijken. Ik schaam mij ontzettend voor mijn emoties. Ik staar naar een lichtbruin koffievlekje in de vloerbekleding. Ik klap dicht. Ik kan niets meer vertellen. Jennifer vraagt mij of het misschien voor mij makkelijker zou zijn om in plaats mijn verhaal te vertellen, het op te schrijven. Dat doe ik. Ik ga naar huis waar ik aan mijn huiswerk begin. Alles wat ik mij nog kan herinneren zet ik voor haar op papier:

Gedurende mijn eerste twintig levensjaren heb ik dagelijks veel stress gehad, mij onveilig gevoeld, regelmatig vrees voor mijn leven gehad. Die stress heb ik altijd binnengehouden, want ik mocht van mijn moeder nooit klagen, boos worden of huilen. Mijn emoties moest ik binnenhouden, anders werd ik gestraft. Vanaf tien jaar begon ik mij depressief te voelen. Ik wilde niet meer leven. Dit heeft allemaal te maken met mijn opvoeding door mijn alleenstaande moeder. Een paar voorbeelden uit mijn opvoeding:

Leeftijd 0-10 jaar. Regelmatig woede-uitbarstingen van mijn moeder met geweld en veel verbale agressie. Mijn moeder is liefdeloos en erg afstandelijk, zij erkent mijn verdriet niet. Mijn gevoelens zijn pure onzin, een verzinsel, meent zij. Ik voel mij niet veilig. Ik ben constant gespannen. Stilte in huis betekent een stilte voor de storm. Ik ben constant op mijn hoede in afwachting van haar agressie, woede-uitbarstingen, chantages of intimidaties. Zij zegt constant dat ik een slechte zoon ben en dat ik haar leven heb verpest. Ik voel mij constant schuldig, heb veel angsten, een laag zelfvertrouwen en zelfwaardering.

Ik ben een ziek kind. Ik lig regelmatig in ziekenhuizen met hartproblemen, hepatitis B, griep en andere infecties. Ik heb last van hartkloppingen, ben lichamelijk zwak, heb een zeer slecht verstand, ben vaak moe. Ik mag niet moe zijn van mijn moeder, waardoor ik moet doorzetten. Echte mannen klagen niet, zegt zij. Ik neem nooit rust wanneer ik moe ben, ga over mijn grenzen heen. Vanwege mijn slechte gezondheid ben ik in deze jaren vrijgesteld van de gymlessen op school. Ik mag ook geen stress van mijn cardioloog hebben.

Leeftijd 10 jaar. Verhuizing. Mijn lieve oma gaat dood. Mijn situatie is verergerd. Mijn moeder wordt sadistisch. Er is iets in haar wat "het fijn vindt" om mij pijn te doen (geestelijk of fysiek). Na een mishandeling zie ik een blije tevredenheid in haar gezicht. Zij voelt zich voldaan. Nog thuis, nog buiten, nog op school voel ik mij veilig. Ik word constant gepest op school en in de nieuwe buurt. Geen vrienden. Geen familie. Ik heb niemand meer. Het is voor mij overal oorlog, 360 graden rond mij heen is het front waarin ik constant moet zien te overleven. Ik heb geen thuisfront of iemand die achter mij staat. Ik voel mij eenzaam, erg verdrietig en erg depressief. Het zijn heftige zware tijden. Ik wil niet meer leven. Elke avond, voordat ik in slaap val, smeek ik God om nooit meer wakker te worden. Mijn moeder ziet het niet. Vanaf deze leeftijd begint mijn depressie alleen maar erger te worden.

Leeftijd 12 tot 13 jaar. Mijn moeder is aan het koken op onze veranda. Een woordenwisseling tussen ons. Een enorme woede-uitbarsting. Mijn moeder pakt een groot keukenmes en gooit het naar mij toe. Het mes gaat een paar centimeter langs mijn lichaam heen en steekt in de grond. Van schrik word ik helemaal stijf van de zenuwen. Ik ben bang en verlamd van angst. Ik vlucht. Ik kom enkele uren later terug wanneer mijn moeders woede gezakt is. Ik vraag haar rustig of zij zich realiseert dat ik dood had kunnen zijn. Zij kijkt mij recht in mijn ogen en met volle haat in haar gezicht zegt zei: 'IK HEB JOU OP DE WERELD GEZET EN IK HEB ALLE RECHT OM JOU AF TE MAKEN!' Zij meent dat en zegt dat het ook mijn schuld is wat er gebeurd is. Ik schrik van haar reactie en voel mij machteloos en onveilig. Ik snap niet waarom zij mij zo erg haat.

Leeftijd 18 jaar. Een onverwachte woede-uitbarsting van mijn moeder, ze pakt plotseling een hamer, tilt hem boven mijn hoofd en doet een poging om daarmee op mijn hoofd te slaan. Ik pak haar handen boven mijn hoofd vast en probeer mij te beschermen. Ik pak de hamer af. Zij beschouwt dit als een persoonlijke aanval op haar: HOE DURF JIJ JE MOEDER AAN TE RAKEN, roept zij. En haar woede en agressie wordt nog vele malen groter. Ik word geslagen en mag mij niet verdedigen. Ik laat mij slaan anders wordt de situatie nog erger. Haar verbale agressie duurt nog enkele dagen. Ik voel constant veel stress en angst dat zij mij onverwacht iets aan zal doen.

Leeftijd 19 jaar. Mijn moeder probeert zelfmoord te plegen door van een spoorbrug onder de trein te springen. Zij zegt dat het mijn schuld is omdat ik een slechte zoon ben. Ik ben in shock. Ik ben verlamd van de zenuwen en erg bang dat zij zich iets aandoet. Ik heb veel stress en angsten.

Leeftijd 23 jaar. Door de enorme stress vanwege de situatie met mijn moeder krijg ik een burnout. Ik voel mij erg ziek, constant misselijk, gespannen en helemaal uitgeput. Ik ben zwaar over mijn grenzen heengegaan. Ik krijg een maagzweer en problemen met mijn hart. Op een dag val ik flauw. Ik ga naar mijn huisarts en wordt acuut opgenomen in een ziekenhuis waar ik een maand moet blijven. Daarna heb ik constant last van vermoeidheid.

Leeftijd 32 jaar. Ik rijd 120 kilometer per uur op de snelweg. Onderweg naar huis barst ik plotseling en zonder enkele reden in een enorme huilbui uit. Het is net als regen die met grote bakken naar beneden komt. Ik snap niet wat er met mij gebeurt. Ik heb jarenlang niet gehuild en ik kan het nu niet stoppen. Omdat ik door de tranen voor mij helemaal niets meer kan zien, bots ik bijna tegen een auto op die voor mij rijdt. Ik stop met de knipperlichten aan op een vluchtstrook en laat mij uithuilen. Op die dag had ik in België les in Neuro-Linguïstisch programmeren van de beroemde Anné Linden the First Lady of NLP. In de pauze had ik met haar een kort gesprek gehad over de liefde van mijn oma waarna zij mij een omhelzing gaf. Ik zal Anné Linden voor altijd blijven herinneren als een warm en liefdevol mens met een groot hart.

Meer dan deze opsomming van gebeurtenissen kan ik mij niet meer herinneren. Maar ergens diep van binnen weet ik dat dit slechts een top van een ijsberg is die boven het wateroppervlak uitsteekt. Ik vraag mij af hoe ik die ijsberg van bevroren herinneringen boven water kan halen om die vervolgens te laten smelten. Waar heb ik mijn herinneringen opgeslagen? Dat ga ik onderzoeken!

Opslagplaats van herinneringen

Een herinnering is een gebeurtenis, een voorval uit je leven, opgeslagen in je geheugen. Eerst wordt de herinnering opgeslagen in je korte termijngeheugen, daarna verhuist hij naar je lange termijngeheugen. Het lange termijngeheugen kun je vergelijken met de harde schijf van je computer of een bibliotheek met honderdduizenden boeken (herinneringen). Wanneer je in je leven een ervaring ondergaat, wordt dit opgeslagen in een vorm van een beeld, geluid, geur, aanraking (of een combinatie daarvan) met de daarbij behorende emotionele belevenis. In de meeste gevallen kun je als het ware een filmpje uit je geheugen terughalen dat bij jou verschillende emoties oproept. Deze emoties horen bij de gebeurtenis. Het filmpje hoeft niet altijd bewust opgeroepen te worden, soms gebeurt het vanzelf wanneer je een bepaald beeld ziet, een geur ruikt, een geluid (muziek) hoort of met een andere "trigger" geconfronteerd wordt. Zoals bijvoorbeeld een liedje op de radio jou terug in de tijd kan brengen en een bepaalde emotionele belevenis oproept. Wanneer deze belevenis fijne emoties met zich meebrengt, willen wij dat elk keer opnieuw ervaren, dus het liedje wordt opnieuw afgespeeld. Wanneer een belevenis nare emoties met zich meebrengt, willen wij de herhaling van dat liedje vermijden om herbeleven van onze nare emoties te voorkomen. Wij doen er ook alles aan om onze nare emoties te onderdrukken. Wanneer gewone belevenissen snel onder het stof in de bibliotheekkasten van het lange termijngeheugen verdwijnen, worden fijne en nare types nog lang op het prikbord van je bewustzijn, recht voor de ingang van je bibliotheek bewaard. Ik denk dat dit te maken heeft met onze natuur. Emotiegeladen herinneringen krijgen voorrang boven emotieloze herinneringen omdat wij misschien iets daarvan moeten leren. Denk aan een situatie waarin je oog in oog komt te staan met een tijger. Je voelt angst. Zie je dit voor je? De angst verbindt het filmpje met je "hardware" (hartslag, spanning en verlamming in de spieren, adrenaline en andere lichaamsfuncties). Nu heeft jouw filmpje nog een eigenschap gekregen. Naast beeld en geluid heeft het tijdens deze specifieke ervaring ook een functie van een besturingssysteem gekregen. Deze besturingssysteemfunctie bestuurt je hardware; je hartslag, snelheid van wegrennen, niveau van adrenaline, denkvermogen, concentratie, zweten, etcetera. Wanneer je deze situatie overleeft, doet je er (on)bewust alles aan om automatisch zo'n situatie in de toekomst te voorkomen. En andersom worden ervaringen met fijne emoties automatisch (on)bewust nagestreefd. Waarom? Omdat de natuur weet dat het voor jou vooral veilig is en je zo de meeste kansen hebt om te overleven. Ook omdat het simpelweg "goed" voelt! Ook fijne herinneringen krijgen naast beeld en geluid een besturingssysteemfunctie. Ze besturen als het ware bepaalde lichaamsfuncties. Denk aan opwinding, hartslag, vlinders in je buik bij verliefdheid, snelheid en diepte van de ademhaling etc.

Zowel fijne emoties als nare emoties krijgen een aparte afdeling in onze bibliotheek en een eigen catalogus. De afdelingen bevinden zich dicht bij de ingang van je bewustzijn zodat je heel snel de juiste herinnering moeiteloos terug kunt halen. Dit gebeurt zowel gevraagd als ongevraagd. De afdeling met nare emoties wordt zwaar door jezelf bewaakt. Al gauw zet je een muur eromheen met een dikke kluisdeur. Er mag niets naar buiten komen en jij wilt het liefst zelf ook niet naar binnengaan. De sleutel van de deur verstop je ergens in de bibliotheek tussen de andere herinneringen. Je doet vooral je best om de plaats van de sleutel te vergeten. Je wil niet herinnerd worden aan het bestaan van deze afdeling. Daarom begin je bepaalde dingen, mensen en ervaringen in je leven te vermijden. Want zij bezorgen je herinneringen uit de nare afdeling. Omdat het niet altijd goed werkt, voer je elk keer de beveiliging van de nare afdeling op. Je wordt steeds deskundiger met inpakken en beveiligen van je nare herinneringen. De muren worden dikker, de sloten worden groter, het waarschuwingssysteem krijgt een ingewikkelde code. De meest zware emotionele herinneringen krijgen een kluisje. De afdeling begint steeds meer te lijken op een zwaar beveiligde kluisruimte met vele kleine kluisjes in een bank waarvan jij de enige klant bent. Alle kluisjes hou je dicht. Je doet je uiterst best om de codes van de kluisjes en de catalogus van je nare herinneringen te verstoppen, te vergeten en te vermijden. Toch blijft dit systeem na vele jaren falen. Her en der ontsnappen de nare emoties uit je zwaar beveiligde omgeving en komen tot je bewustzijn. Je geeft het niet op. De kluisjes worden in zeecontainers geladen, die vervolgens hun plaats in de buik van een groot containerschip krijgen. Het schip stuur je weg op zee, zover mogelijk van je bewustzijn. Later laat je ongemerkt het schip zinken in de diepte van de zee van je onderbewustzijn en laat de catalogus van nare emoties "verdwijnen". Vanaf dat moment kan je je nauwelijks herinneren wat die nare herinneringen waren. Het lijkt te werken totdat je ervan bewust wordt dat je veel last van nare emoties hebt die je niet direct in verband kunt brengen met herinneringen uit het verleden. Het gevolg heeft opeens zijn oorzaak verloren. Omdat de logica een veilige manier van ons denken is, gaan onze hersenen op zoek naar een nieuwe oorzaak. Helaas vaak buiten zichzelf. In mijn geval merk ik dat mijn geest nieuwe gedachten begint te krijgen: 'Het ligt niet aan mij dat ik zo overdreven reageer! Het is mijn schuld niet. Dat zijn anderen die mij zo doen voelen!'

Met de tijd word je containerschip een spookschip dat op het bodem van de zee van het onderbewuste ligt. De Vliegende Hollander begint te rotten. De inhoud van de kluisjes wil naar buiten. De druk wordt steeds groter. Het kost je steeds meer energie om de deurtjes van de kluisjes dicht te houden. Je energieverbruik groeit elk jaar. Je Vliegende Hollander blijft ongemerkt in de zee van je onderbewuste rondvaren.

Nare herinneringen zoeken een uitweg

Ons dagelijks bewustzijn heeft nog een ander niveau van bewustzijn dat ons gedrag ongemerkt beïnvloedt.

Je nare herinneringen bestaan niet meer in je bewustzijn. Toch gebeuren regelmatig onverklaarbare dingen waarvan je last hebt. Je reageert overdreven emotioneel op je werk. Dit verstoort je zakelijke communicatie en zakelijke relaties. Je doet alles voor tweehonderd procent omdat je bang bent om aangesproken te worden. Je vermijdt conflicten. Je hebt een onverklaarbare (on)bewuste faalangst die je veel stress bezorgt. Je wordt opeens overdreven boos. Je ontploft van woede. Je hebt angst om te spreken voor een groep mensen. Je bent bang om fouten te maken. Je voelt je onzeker in bepaalde situaties. Je hebt bindingsangst waardoor je relaties kapotgaan. Je bent een stresskip. Je houdt je gevoel diep verborgen en speelt vrolijk toneel. Je gaat weer shoppen omdat het je een goed gevoel geeft. Je zoekt afleiding in nieuwe ervaringen, in het consumeren en in je carrière. Je verlangt naar erkenning. Dit wil je bereiken door je werk. Goed eruit zien is goed voelen. Je geeft veel geld uit voor je buitenkant (kleding, verzorging, je "image" etcetera). Je hebt altijd de televisie, radio of een andere informatiebron aanstaan. Je zoekt constant afleiding buiten jezelf. Want wanneer het stil is, begin je te voelen.. Je nare emoties zoeken contact met jou. Ze willen jouw aandacht!

Je stelt steeds opnieuw nieuwe doelen in je zoektocht naar "goed voelen". Je hebt een droom, een beeld waarin je je gelukkig voelt. Dit is precies hoe je leven eruit moet zien om gelukkig te kunnen zijn. Je gelooft erin. Je droom heeft een paar materiële dingen nodig die je eerst wil hebben. Misschien een huis, een goed inkomen of een stationwagon. Hierbij komt nog een partner, een grote keuken, een hond, misschien een kind en zeker een tuintje waar je in het zonnetje met een lekker drankje kan liggen. Eindelijk na jaren van duwen, pushen en hard werken krijg je dat voor elkaar. Het is precies volgens het plaatje dat je in je hoofd had. Het klopt allemaal, met één kleine uitzondering, namelijk, je voelt je niet gelukkig. Je vraagt je af waarom dat zo is en wat (en vooral wanneer) het misgegaan is! Je gaat terug in de tijd, op zoek naar dingen die je vroeger een goed gevoel gaven. Je gaat stappen, reizen, zoenen, motorrijden, een zorgeloos leven leiden. Je beseft dat sommige dingen voor altijd uit je leven weggegaan zijn zonder dat je daar fatsoenlijk afscheid van hebt kunnen nemen. Ze komen nooit meer terug! Je voelt je achter de tralies van je verantwoordelijkheden zitten. Het leven begint steeds meer op een carrousel te lijken. Je zit er middenin. Maandagochtend; gezoem van je wekker, douche, stoplichten, file, werken, file, stoplichten, eten, televisie kijken, naar bed. Nog vier dagen te gaan. Eindelijk! Het is weekeind! Zo snel al voorbij? Alweer maandagochtend? Jaar in, jaar uit. School, eerste baan, eerste auto, eerste huis, samenwonen, uit elkaar, verhuizen, weer samenwonen, files, stoplichten, vakanties, kinderen de deur uit, eigen Sara of Abraham in de voortuin (wie had gedacht dat het zo snel zou gaan!), dan aftellen tot je pensioen. Eindelijk, het is zover! Ik ben met pensioen! NU ga ik genieten! Denk je. De wekker gaat weg, maandagochtend wordt afgeschaft, eindelijk vrijheid! Je noemt jezelf gelukkig omdat je geen kanker hebt en een goed pensioen bij elkaar hebt verdiend. Maar is dat zo? Voel je je echt gelukkig?

Invloed van opvoeding en omgeving op omgaan met emoties

Zowel fijne als nare emoties krijgen een bijzondere plaats in onze opvoeding. Over het algemeen gesproken leren jongens niet te klagen (dus ook negatieve emoties in te slikken) en meisjes om alles te vertellen (dus ook emoties te delen). Afhankelijk van je geboorteland wordt je aangeleerd om op verschillende manieren met nare en fijne emoties om te gaan. In de USSR werd een gemiddeld jongetje opgevoed als een soldaat die niet klaagt, zijn pijn en emoties verbergt en bereid is om te allen tijde zijn leven voor het moederland op te offeren. Op die manier ben ik opgevoed: alle negativiteit en nare emoties inslikken, inprenten en vooral goed verbergen. Een echte man klaagt niet, huilt niet en zeurt niet. Omgeving en cultuur spelen ook een belangrijke rol in de manier waarop wij omgaan met emoties. Waar een Tibetaanse man van verdriet huilt, laat een Russische man zijn verdriet in een fles wodka verdrinken. Praten over hun gevoel kunnen Russische mannen pas als ze flink dronken zijn. Dit is het geheim achter het drankmisbruik van Russische mannen. 'Helaas' ben ik een van die weinige Russen die geen zware alcoholgebruiker is, wat in de Russische mannencultuur als abnormaal wordt beschouwd. 'Ben jij erg ziek of zo?' werd ik vaak genoeg gevraagd. Wanneer je als een man geen wodka in Rusland drinkt, kun je je gevoel ook niet met een ander delen.

In Rusland zijn er voor mannen nog twee andere effectieve manieren om zware emoties te uiteen. Namelijk schelden en vechten. Beide manieren passen niet bij mij. Dus ik heb nooit een uitlaatklep gehad om mijn emoties te uiten. Omdat vrouwen in Rusland onder elkaar hun emoties vrij kunnen delen, leven ze ook langer. De gemiddelde levensduur in Rusland is 65 jaar. Voor vrouwen is dit 71 jaar en voor mannen slechts 58 jaar. Veel mannen halen hun pensioen nog niet eens. Mijn vader, die ik nooit gekend heb, was 57 jaar toen hij door een hartaanval doodging. Hartproblemen in Rusland zijn net zo veel voorkomend als wodka.

De Russische volkspsychologie kent twee staten van bewustzijn, namelijk dronken en niet dronken. Daartussen zit nog een andere staat die de kater heet. Dit is de staat waarbij vooral veel zoetzure augurken gegeten worden. Dit zoetzuur van de augurken helpt om naar de niet-dronken staat van bewustzijn terug te keren.

Wanneer je als een Russische man traumatische gebeurtenissen in je leven meegemaakt hebt en je geen wodka drinkt, kun je nooit je nare herinneringen uiten.

Wat noem ik een trauma in dit boek?

Trauma is een in het geheugen opgeslagen levensgebeurtenis, in de vorm van een beeld of een filmpje, dat nare emoties, gedachten en fysiologische reacties oproept. Een voorbeeld: Ik ben op school gepest door een groep jongeren. Ik zie een beeld waarin ik gepest word. Dat roept in mij nare emoties op. Ik voel woede en verdriet. Ik krijg gedachten waarin ik in mijn eentje tegenover de groep sta. Het is niet eerlijk! Het beeld "bestuurt" nu sommige lichamelijke functies in mijn lichaam. Het beeld heeft nu, zoals ik het noem, een besturingssysteemfunctie. Mijn hartslag gaat omhoog, ik voel spanning in mijn spieren, ik ga sneller ademhalen, ik voel de adrenaline etc. In de psychologie worden mijn reacties op de levensgebeurtenis "fysiologische reacties" genoemd.

Het gaat dus niet alleen over woede en verdriet maar ook over moeheid, verlamming, hartslag, slaapproblemen, energiegebrek en andere lichamelijke functies.

Wat voor een volwassene een nietszeggende gebeurtenis is kan voor een kind een trauma zijn. Denk aan een kind dat zich niet veilig voelt en door zijn moeder niet in bescherming wordt genomen. Of een kind dat afgewezen wordt wanneer hij juist troost bij zijn ouders zoekt. Een klein, onbelangrijk voorval in de ogen van een volwassene kan voor een kind een trauma zijn.

Een woord, in een bepaalde context gezegd, kan ook een trauma zijn. Denk aan een ruzie waar een bepaald woord je zó diep geraakt heeft dat het je kwaad heeft gemaakt en je hartslag verhoogd.

Dit boek gaat niet over oorlogs- of andere soortgelijke levensbedreigende zware trauma's. In dit boek beperk ik de betekenis van het woord "trauma" tot gebeurtenissen die nare emoties met zich meebrengen en die de meeste mensen op hun levenspad tegenkomen. In deze context heeft iedereen "een trauma".

Wanneer je in een bepaalde situatie komt, wordt door je onderbewuste (je gezonken Vliegende Hollander) naar een trauma gezocht die in verband gebracht kan worden met die situatie. De situatie van heden en een trauma uit het verleden hebben dan een gezamenlijke noemer, of een wortel of een lijntje dat beiden met elkaar in verband brengt. De trauma associeert zich snel met de situatie en komt tot actie in de vorm van nare emoties.

Een voorbeeld

Ik word boos en schiet in de verdediging wanneer ik kritiek krijg. Vanwege mijn boosheid kan ik niet zo goed met kritiek omgaan. De wortels van mijn boosheid liggen in een voorval met mijn moeder uit mijn kindertijd. Ik was tien jaar oud. Mijn moeder heeft mij naar de groenteboer gestuurd. Ik moest een kilo rode bietjes kopen. De groenteboer geeft mij echter één grote rode biet van een kilo. Toen ik thuiskwam, werd mijn moeder erg kwaad omdat zij kleine bietjes wilde. Zij ging eerst op mij schelden (kritiek). Daarna pakte zij het netje met de biet en ging mij daarmee slaan. Eén klap kwam terecht in mijn zonnevlecht (dat is een plaats die zich enkele centimeters boven de navel bevindt). Ik lag dubbelgevouwen van de pijn op de grond en ik stikte bijna. Ik voelde oneerlijkheid, onmacht, verdriet en boosheid. De kritiek en de boosheid zijn bij mij door dit voorval met elkaar verbonden. Wanneer ik in het heden kritiek krijg voel ik meteen boosheid. De boosheid is de reactie van Philippe.

Philippe-reactie

De Russische fysioloog en Nobelprijswinnaar Pavlov (1849-1936) is wereldberoemd geworden met zijn experimenten (Pavlovreactie). Hij experimenteerde met reacties van een hond op het eten. Vlak voordat hij de hond eten gaf liet hij een bel rinkelen. Na een aantal keren begon de hond speeksel te produceren zodra hij de bel hoorde. Later, wanneer de hond de bel hoorde maar geen eten kreeg, produceerde hij nog steeds speeksel. Dat komt doordat de hersenen van de hond het geluid van de bel gingen associëren met eten. Op die manier ontstond een reactie van het lichaam (productie van speeksel) op een stimulus (de bel) die een reflex genoemd wordt. Iedere avond sluit ik mijn computer af en ga meteen naar buiten mijn twee teckels uitlaten. Ze horen het afsluitgeluidje van Windows en rennen naar de voordeur omdat ze weten dat zij uitgelaten worden. Dat doen ze elke keer bij het horen van dat geluidje, ook wanneer ik nog niet van plan ben om ze uit te gaan laten. Met andere woorden; zij associëren het afsluitgeluidje van Windows met de tijd om uitgelaten te worden. Dit is een reflex. Een reflex is een vorm van een automatische reactie van ons lichaam op een stimulus. Denk aan de stoplichten. Wanneer je tijdens het rijden het rode licht (stimulus) ziet, gaat je rechtervoet automatisch op de rem trappen (reactie).

Een ander soortgelijk experiment is uitgevoerd op een kind door een Amerikaanse psycholoog Watson (1878-1958). Het experiment staat bekend als "Little Albert". Het kind genaamd Albert was slechts negen maanden oud. Watson toonde kleine Albert een witte rat. Hij reageerde in eerste instantie onbezorgd en was niet bang voor de rat. Het experiment ging verder. Elke keer wanneer Albert de witte rat zag maakte Watson een onverwacht hard geluid achter de rug van het kind door het slaan met een hamer op een metalen buis. Albert schrok van het harde geluid en ging huilen. Zo ging Little Albert de angst voor het harde geluid associëren met het zien van een witte rat. Deze associatie zorgde ervoor dat hij later zelfs bang werd van een witte rat zonder dat het harde geluid te horen was. In Neuro-Linguïstisch programmeren (NLP) staat dit proces bekend als ankeren.

Ditzelfde mechanisme zit verborgen achter onze trauma's. Een traumatische gebeurtenis hoeft niet herhaald te worden om in onze hersenen als een reflex opgeslagen te kunnen worden. De reden daarvan is dat een traumatische gebeurtenis zo'n sterkte emotionele (en vaak lichamelijke) reactie oproept dat onze hersenen deze gebeurtenis automatisch als een reflex registreren.

Wanneer iemand iets zegt of doet wat in onze hersenen een associatie met ons trauma('s) oproept, gaat onze geest met emoties of gevoelens reageren. Een voorbeeld: In mijn kindertijd ben ik dikwijls gestraft door mijn moeder wanneer ik fouten maakte. Dit veroorzaakte verschillende emoties in mijn lichaam, waaronder de boosheid. In mijn leven als volwassene reageer ik nog steeds elke keer opnieuw met boosheid als iemand mij op mijn fouten wijst. Dit gebeurt net zo automatisch als het trappen op de rem bij de rode stoplichten. In dit voorbeeld ben ik mij er goed van bewust waar de wortels van mijn reactie vandaan komen. Helaas is dat niet altijd het geval. Vaak reageer ik in mijn volwassen leven onverklaarbaar emotioneel zonder dat ik mij de achterliggende trauma('s) kan herinneren. Mijn emotionele reactie gebaseerd op mijn trauma('s) uit het verleden noem ik "Philippe-reactie". Zo heb ik meerdere en ook veel ergere Philippe-reacties waar ik vanaf probeer te komen. Bijvoorbeeld in de stress schieten, het overdreven reageren, emotioneel worden, angst krijgen etcetra. Deze reacties zijn vaak zichtbaar en voelbaar in mijn gedrag. Ze zijn erg storend, zowel voor mij als voor mijn omgeving. Ze hebben een negatieve invloed op mijn communicatie, werk, gevoelsleven, relatie met mijn vriendin en ze liggen als een grijs betonblok op de weg naar mijn geluk. Ik zal terug in de tijd moeten om mijn nare herinneringen op te sporen.

Mindfulness based trauma treatment

De vraag is: Wat zijn die nare herinneringen die opgesloten liggen in de kluisjes van het containerschip? Wat ligt in kluisje A? Wat ligt in kluisje B? In welke container kun je ze vinden? Je hebt geen catalogus meer. Hoe krijg je de trauma's boven water? Volgens de grondlegger van de psychoanalyse, de Weense arts en psychiater Sigmund Freud (1856-1939) komen onze onderdrukte emoties onder andere tot uiting in onze dromen. In je droomslaap komt je gezonken Vliegende Hollander boven water, de piraten maken de kluisjes open en de nare herinneringen krijgen hun vrijheid terug. De herinneringen verkleden zich, voeren toneelstukken op, maken filmopnames en houden een piratenfeest. Zij zijn nu tegelijk de manager, regisseur en acteurs van je onderbewustzijn. De volgende ochtend word je wakker, je bent je nauwelijks bewust van je droom en gaat verder met je leven.

Fijn, maar hoe krijg je bij bewustzijn toegang tot je "vergeten" containerschip? Wanneer wij slapen, gaan onze hersengolven naar de andere frequentie, de poort van onderbewustzijn gaat open en de piraten laten je nare herinneringen vrij. Hoe bereik je die andere frequentie wanneer je wakker bent? Hoe kom je in je onderbewuste? Freud, geïnspireerd door de Franse neuroloog Charcot (1825-1893) gebruikte hypnose. Ik gebruik een zelfontwikkelde methode die ik 'Mindfulness Based Trauma Treatment' (MBTT) noem. MBTT is gebaseerd op het model "Accelerated Information Processing" van de Amerikaanse psychologe Francine Shapiro die de EMDR-therapie ontwikkelde. Bij MBTT staat meditatie met elementen uit mindfulness, Neuro-Linguïstisch programmeren (NLP), Boeddhisme en psychologie centraal. Deze meditatie heb ik traumameditatie genoemd. Zowel hypnose als meditatie kunnen je tot "the state of mind" brengen waarmee je toegang tot je onderbewuste krijgt. Bij hypnose heeft de hypnotiseur het stuur in handen, bij de traumameditatie heb je dat zelf. Hypnose werkt uitstekend, mits je een goede hypnotiseur hebt. En die kost geld, veel geld. Zeker in mijn geval met talloze jeugdtrauma's zou dat een bodemloze put worden. Dat was voor mij een reden om een vorm van zelfhulptechniek te ontwikkelen namelijk, zoals ik het noem, traumameditaties.

Iedereen heeft een eigen voorstelling van een meditatie. Het is zeer belangrijk dat je nu je voorstelling even aan de kant zet voordat je aan het volgende hoofdstuk begint.

Wat is trauma-meditatie?

Trauma-meditatie is een vorm van meditatie die bestaat uit drie stappen:

Stap 1. Take-off

Stap 2. Trauma-hunting

Stap 3. Trauma-programmering

Stap 4. Trauma-paradijs

Voordat ik overga tot uitleg van bovengenoemde stappen, wil ik graag even stilstaan bij de voorbereiding voor trauma-meditatie.

Voorbereiding voor trauma-meditatie

Meditatieplaats

Om te beginnen moet voor meditatie een plaats in je huis gezocht worden. Het is zeer belangrijk om een goede plaats uit te kiezen. Gebruik daarbij je gevoel, niet je verstand. Ga door je huis heen en laat je gevoel kiezen! Kies altijd met je gevoel, zelfs als je verstand zegt dat de door jou gekozen plaats niet bij de inrichting past. De plaats moet "goed" voelen, je helpen om je tot rust en innerlijke kalmte te brengen. Ik adviseer je deze plaats alleen voor de meditaties te gebruiken. Later zal je begrijpen waarom dat belangrijk is. Ik heb mijn meditatieplaats door mijn gevoel laten kiezen. Het leek met mijn verstand een beetje rare plaats maar voor mijn gevoel een ideale plaats. De plaats is aan de linkerzijde van de televisiekast in mijn woonkamer. Wanneer ik mediteer is mijn gezicht altijd gericht naar het raam, dus naar buiten, naar het licht.

Zitplaats

Wanneer je de plaats gekozen hebt, moet besloten worden of je op een matje of op een (luie) stoel gaat zitten. Omdat ik rugklachten heb, zit ik in de kleermakershouding op een witte fauteuil 'Ektorp' van Ikea. Het is een grote zachte stoel die ondersteuning voor mijn rug biedt. Mijn houding is niet perfect, maar ik ben geen achttien meer. Mijn benen willen niet over elkaar heen en mijn rug wordt gesteund door de leuning. Geeft niet, het is niet belangrijk! Op mijn meditatiestoel mag niemand zitten. Alleen ikzelf en uitsluitend tijdens mijn meditaties.

Always-ready-for-stap-in

De meditatieplaats moet laagdrempelig en een 'always-ready-for-stap-in' plaats zijn zoals een taxi die met een draaiende motor en een open deur altijd buiten op jou wacht. Wanneer je moeite moet doen om elk keer je meditatieplaats op te bouwen om te gaan mediteren, zal het leiden tot een enorme emotionele drempel wanneer het echt nodig is.

Je hebt nu een eigen vertrekplaats. Daar vandaan ga je reizen maken naar je onderbewuste. Net als vliegveld Schiphol moet je vertrekplaats altijd een 'klaar voor vertrek' zijn.

Stap 1. Take-off

Heb je ooit met een vliegtuig gereisd? Take-off is het moment wanneer een vliegtuig van de grond de lucht ingaat. Dit is de eerste fase van de trauma-meditatie.

Doel van take-off

Het doel van take-off is jezelf in "een state of mind" brengen waarmee je toegang tot je onderbewuste kan krijgen. Dit state of mind is niets anders dan een lichte slaap in bewuste toestand.

Onze slaap verloopt in vier fasen. In de eerste fase vallen wij in de lichte slaap (sluimeren, wegdommelen). Ons bewustzijn wordt minder. Onze hersengolven gaan van de wakkere toestand (8-12Hz) naar de lichte slaap (4-7Hz). In fase twee verlies je volledig je bewustzijn (12-16Hz). In fase drie val je in een diepe slaap (1-3Hz). In fase vier, genoemd REM slaap, ga je dromen (4-12Hz). Dit is de fase wanneer onze Vliegende Hollander met zijn nare herinneringen boven water komt. De hersengolven van deze fase (4-12Hz) hebben een grote overlap met de lichte slaap (4-7Hz). Uit mijn eigen ervaring kan ik zeggen dat in beide slaapfases onze onderdrukte herinneringen aan de oppervlakte kunnen komen.

Het doel van de take-off is dus niets anders dan je hersengolven te laten verlagen om toegang tot je Vliegende Hollander te krijgen. Of simpel gezegd, je moet jezelf weg laten dommelen maar tegelijkertijd bij bewustzijn blijven. Dit doe je elke dag wanneer je in slaap valt. Het is dus een kwestie van een beetje oefenen.

Bij veel mensen duurt de eerste slaapfase slechts een paar minuten achtereen. Daarna ga je in de tweede slaapfase en verlies je je bewustzijn. De uitdaging is om niet in slaapfase twee te vallen maar bij je bewustzijn te blijven. Want je bewustzijn heb je nodig voor de trauma-meditatie. Hoe begin je je take-off? Volg de take-off procedure.

Take-off procedure

Net zoals een piloot die een paar stappen doorloopt voordat hij in de lucht gaat, gaan ook wij een paar stappen doorlopen.

Stap 1. Ga lekker zitten

Je houding in de trauma-meditatie moet in overeenstemming zijn met een vaste regel. Zoek een houding waarbij je lekker en vooral ontspannen in je lichaam zit. Het maakt niet uit welke houding je precies aanneemt, zolang deze je tijdens de meditatie niet in de weg staat. Je houding mag niet afleiden en zeker niet storen! Als ik met 100 procent rechte rug ga zitten, dan ben ik met mijn aandacht alleen bezig om mijn rug 100 procent recht te houden, niet met de meditatie. Ga lekker zitten en sluit je ogen.

Stap 2. Concentreer je op je adem

De volgende stap in onze take-off procedure is je adem. Concentreer je op je adem. Het concentreren moet ontspannen zijn. Volg simpelweg je ademhaling. Je aandacht is net als een mens die met de lift (ademhaling) op en neer gaat. Dit is een van de basistechnieken van de Boeddhistische meditatie. In het begin zul je merken dat onze onrustige menselijke geest constant nieuwe gedachten afschiet: 'Wat ga ik vanavond eten? Heb ik genoeg boodschappen voor het weekeind? Hoe los ik mijn problemen op? Oh, ik moet nodig nog wat doen en dat mag ik echt niet vergeten!' En ga zo maar door. Voordat je het weet word je meegesleept met de stroom van gedachten, zoekend naar antwoorden en oplossingen. Zo is er een kwartier voorbij en ben je nog verder verwijderd van je doel.

De stroom van gedachten hoort bij de menselijke geest. De truc is om de gedachten niet weg proberen te duwen maar ze geen aandacht te geven. Gedachten zijn net als gele blaadjes die in de herfst met de stroom van de rivier meedrijven. Wanneer je een blaadje oppikt, geef je jouw aandacht aan dat blaadje, terwijl je aandacht bij je ademhaling moet blijven. Zo ga je met de stroom mee, van het ene blaadje naar het andere. Op die manier word je vanzelf meegesleept met de stroom van gedachten. Wanneer je aan de kant van de rivier slechts als een waarnemer blijft, gaan je gedachten na een tijdje vanzelf weg. Geef geen aandacht aan elk blaadje. Kijk naar het geheel, kijk hoe de blaadjes langzaam wegdrijven.

Hoe blijf je een waarnemer? Je blijft een waarnemer wanneer jij je volledige aandacht alleen richt op je ademhaling. Je aandacht moet niet op meerdere dingen gericht zijn maar op één doel, je ademhaling. Laat je gedachten als wolkjes in de hemel langzaam wegdrijven.

Stap 3. Laat je geest in een lichte slaap vallen

Hoe val je in een lichte slaap? Je ontspant je geest, zet je je gedachten aan de kant en laat de stofjes in je hersenen hun werk doen. Het stofje dat ons in slaap brengt, heet melatonine. Melatonine is een hormoon. Dit natuurlijke slaapmiddel wordt door de epifyse (pijnappelklier) van onze hersenen in werking gezet wanneer het donker wordt. Dit is een van de redenen waarom de trauma-meditatie met dichte ogen plaatsvindt. Wanneer ik in slaap val, voel ik een lekker ontspannen gevoel in mijn hoofd dat mij in slaap trekt. Dat gevoel wordt veroorzaakt door de melatonine.

Tip! Bestudeer je eigen inslaapprocedure. Dit zal je helpen om deze stap door te komen.

Wanneer je geest, net zoals bij de lichte slaap, diep ontspannen en leeg van gedachten is, ben je klaar voor de trauma-hunting.

Stap 2. Trauma-hunting

Voordat ik ga uitleggen wat trauma-hunting inhoudt, wil ik het graag even over onze emoties hebben. Hoe worden emoties in ons opgeroepen?

Afspelen van emoties

Wat versta ik onder emoties in dit boek? Emotie is een reactie van onze hersenen op een gebeurtenis. Je kent ze wel. Ik hoef geen voorbeelden te noemen.

Ken je nog een oude jukebox uit de tijd van Elvis Presley? Dat is een grote, muntbediende, stereo platenspeler dat een reeks van langspeelplaten (LP's) heeft heeft en een mechanisme bevat om die te selecteren. In de buik van de jukebox zitten meerdere Lp's die verticaal in een cirkel op een rond plateau staan. Boven het plateau hangt een grijparm om de Lp's op te pakken. Wanneer je een liedje kiest, wordt de gekozen LP door de arm opgepakt en naar de draaitafel gelegd. Het liedje wordt dan afgespeeld. Op dezelfde manier worden onze emoties afgespeeld.

Iedereen heeft een voorraad van emoties. Wij allemaal kennen emoties zoals afgunst, angst, berouw, bewondering, blijdschap, haat, hoop, jaloezie, liefde, minachting, schaamte, schuldgevoel, spijt, trots, verdriet, verveling, verwijt, wanhoop en woede, die elk afzonderlijk als een LP in ons opgeslagen liggen. Deze emoties kunnen opgeroepen worden door bepaalde gebeurtenissen of acties in ons leven. Wanneer iemand bij mij een bepaalde knop indrukt, pakt de grijparm de LP "woede" en laat deze afspelen. Deze knop kan bij iemand anders met een andere LP geassocieerd worden, bijvoorbeeld "afgunst". Het verschil in de associatie komt door persoonlijke ervaringen die als achtergrond voor deze emoties dienen. De knop wordt ingedrukt door een externe trigger die een (emotionele) reactie oproept. Het kan onder andere een geluid, een beeld, een geur, een aanraking, iemand's gedrag of een uitspaak zijn. Een voorbeeld. Ik had een collega die zich respectloos en kleinerend gedroeg. Hiermee heeft hij bij mij de LP "woede" laten afspelen. Ik weet dat op dat moment bij mijn andere collega de LP "afgunst" afgespeeld werd.

Een andere voorbeeld. Wanneer ik sirenes van ambulance hoor krijg ik fijne emoties. Deze emoties komen van mijn vakantie in Parijs. Ik lag op het bed in een hotelkamer met open raam, genietend van geluiden van de stad (o.a. sirenes) en voelde mij gelukkig. Daarentegen krijgt mijn ex-buurvrouw zeer zware emoties bij het horen van dezelfde sirene. Haar man is in een ambulance onderweg naar een ziekenhuis overleden. Zo worden bij haar en bij mij twee intense, maar totaal tegenovergestelde emoties opgeroepen.

Mechanisme van associatie van emoties met gebeurtenissen

Hoe weet de jukebox welke LP bij welke knop hoort? Deze informatie is ergens op de printplaat van de jukebox geprogrammeerd. Daar wordt een knop aan een emotie gekoppeld. In onze hersenen heeft deze functie een speciaal gebied en dat wordt het limbisch systeem genoemd.

Het limbisch systeem bestaat onder andere uit de hersengebieden de amygdala en de hippocampus. De amygdala legt verbanden tussen informatie uit onze zintuigen en koppelt deze aan emoties. In de amygdala vindt de emotionele informatieverwerking plaats, waaronder de waarneming van gevaar en de beleving van angst. De hippocampus geeft vervolgens betekenis aan die waarneming. Met andere woorden; het limbisch systeem bestuurt onze jukebox, laat de grijparm de juiste LP pakken en laat die afspelen.

Herprogrammeren van de jukebox

Hardware

Goed, laten wij even onder de motorkap van onze jukebox duiken. Wat zien wij? Knoppen, draden, LP´s en een afspeelmechanisme. Laten wij gaan kijken wat er in mijn jukebox gebeurt wanneer ik een sirene hoor. Wanneer de knop "Sirene" ingedrukt wordt, gaat het elektrisch signaal naar de LP "Geluk" en wordt die vervolgens afgespeeld. De LP en de knop zijn met elkaar gekoppeld met een blauwe draad. Als wij deze draad doorknippen, wordt mijn knop "sirene" los van de LP 'geluk' gekoppeld. Met andere woorden ik zal geen geluk meer voelen wanneer ik de sirene hoor. Daarentegen is de knop van mijn ex-buurvrouw gekoppeld met de rode draad aan de LP "verdriet".

Zoals je begrijpt kan ik moeilijk de schedel van mijn ex-buurvrouw openbreken om de juiste rode draad door te knippen. Dat hoeft ook niet. Het kan ook op een andere manier. De rode draad kunnen wij laten doorbranden. Daarvoor moeten wij een overspanning in de draad veroorzaken. Hoe gaan wij dat doen? Wij gaan een zeer sterke positieve emotie in de herbeleving van een trauma oproepen. De nare emotie moet dan samen met de positieve emotie een overspanning in de draad veroorzaken. Laat mij dit op een andere manier uitleggen. Zolang ik mijn tuinslang in mijn tuin gebruik via een gewone waterkraan, blijft hij intact. Wanneer ik mijn tuinslang aan de kraan van de lokale brandweer aansluit zal ik een gesprongen tuinslang hebben. Hoe komt dat? De waterdruk in de brandweerkraan is zo groot dat mijn tuinslang kapot zal gaan. Op dezelfde manier kunnen wij in de rode draad een enorme spanning veroorzaken waardoor de draad kapot zal gaan.

Mijn neuropsychologische theorie

Wat is die draad? In deze paragraaf zal ik proberen mijn eigen semiwetenschappelijke uitleg te geven. Ik zal het zo simpel mogelijk houden. Mijn LP "Woede" is aan de knop met een draad gekoppeld. In onze hersenen worden zulke draden neuraal netwerk genoemd. Een draad bestaat uit een reeks van zenuwcellen (neuronen). De neuronen zitten niet aan elkaar vast. De ruimtes tussen de neuronen worden synapsen genoemd. In zo'n ruimte wordt de boodschap (signaal) doorgegeven door middel van de overdracht van zogenaamde neurotransmitter(s). Een neurotransmitter is een signaalstof die impulsen tussen zenuwcellen overdraagt. Als de neuronen niet aan elkaar vastzitten, hoe worden ze dan één draad? De neuronen worden pas één draad wanneer een neurotransmitter de neuronen met elkaar "verbindt". Leg op de tafel tien muntjes in één lijn met een afstand van een halve centimeter van elkaar. Dat zijn tien neuronen. Nu zijn ze nog niet met elkaar verbonden. Pak een gieter en laat een aantal druppels water (neurotransmitter) tussen alle munten vallen zodat het water alle munten met elkaar verbindt. Nu vormen deze munten één draad. Via deze draad kan nu een elektrisch signaal doorgegeven worden.

Emoties kunnen de draad sterker of zwakker maken door extra neurotransmitters die vrijkomen. Ik denk dat elke emotie haar eigen neurotransmitter en/of een combinatie daarvan kent. Met andere woorden; mijn woede en mijn liefde heeft haar eigen neurotransmitter(s). Wanneer ik de neurotransmitters van woede vervang door de neurotransmitters van de liefde, wordt de oorspronkelijke draad in mijn jukebox ontbonden. Er kan een nieuwe draad met de neurotransmitters "Liefde" ontstaan. Wanneer ik een zeer sterke positieve emotie in de herbeleving van mijn trauma oproep, wordt mijn draad overbelast met extra neurotransmitter(s). Deze neurotransmitter(s) hoort (horen) bij de positieve emotie. De overbelasting leidt tot ontbinding van de oorspronkelijke draad en (soms) tot ontstaan van een nieuwe draad met een andere neurotransmitter. Het oproepen van de juiste neurotransmitter is de sleutel tot succes in het proces van traumaherprogrammering.

Laten twee verschillende neurotransmitters als voorbeeld nemen, namelijk dopamine en adrenaline. Dopamine zorgt voor genot, een extreem plezierig gevoel bij een persoon. Adrenaline wordt geproduceerd bij angst, stress, woede, kou, hitte en pijn. Dopamine word bij mij in werking gezet wanneer ik een sirene hoor. Bij mijn ex-buurvrouw wordt daarentegen de adrenaline verhoogd. Stel je voor dat ik mijn dopamine met mijn ex-buurvrouw voor adrenaline zou kunnen ruilen. Wat zou ik gaan voelen? In elk geval zal ik geen gevoel van geluk meer ervaren.

In de herbeleving van mijn trauma creëer ik een actie of een handeling die bij mij een positieve emotie oproept. De emotie moet veel sterker en een tegenovergestelde van de nare emotie zijn. Deze emotie zal een andere neurotransmitter(s) oproepen die uiteindelijk de oorspronkelijke neurotransmitter zal verbannen. Dit gaat zorgen voor de overspanning en de ontbinding van de oorspronkelijke draad. Hierdoor wordt de knop van de LP losgekoppeld. Op deze manier lukt het mij om van mijn nare emotie af te komen. In sommige gevallen wordt de nare emotie zelfs vervangen met een tegenovergestelde, krachtige emotie. Ik zal een voorbeeld van een jeugdtrauma van pesterij, door een groep jongeren op school, nemen. Een paar van de oorspronkelijke nare emoties waren mijn onzekerheid en onmacht. Iedereen kon dat ook in mijn gedrag zien. Ik heb deze jeugdtrauma in een trauma-meditatie behandeld. Als ik nu aan die pesterij terugdenk voel ik veel meer zelfvertrouwen en een enorme kracht. Als iemand mij nu zou gaan pesten, zou hij een zeer stevige reactie van mij terugkrijgen.

Software

Onze jukebox heeft ook een volumeknop die de geluidssterkte van de LP regelt. Dezelfde LP kan hard of zacht afgespeeld worden. Wanneer de volumeknop op "max" staat, komt het geluid op z'n hardst uit de jukebox. Laten wij mijn voorbeeld nemen toen mijn LP "woede" door mijn collega werd opgeroepen en door mijn jukebox afgespeeld. Mijn woede was niet zo groot dat ik mijn collega zou gaan slaan. Er zit een verschil in de sterkte van emotie. Op de schaal van 0 tot 10 zou ik mijn woede 7 geven. 0 staat voor de minimale sterkte, 10 voor de maximale. Laten wij zeggen dat in het geval van 10 ik zo woedend zou zijn dat ik mijn collega misschien een klap zou geven terwijl in het geval van 0 ik helemaal geen woede zou voelen. Deze sterkte is niets anders dan de geluidssterkte van onze LP.

Dezelfde LP "woede" kan in verschillende situaties met een verschillend volume afgespeeld worden. In een andere situatie dan die met mijn collega zou mijn LP "woede" met de stekte 4 afgespeeld kunnen worden. Elke LP heeft een eigen unieke code in onze jukebox. De code wordt afgeleid van de twee eerste letters van de emotie. De LP "woede" heeft een code WO, de LP "angst" heeft een code AN, enzovoort. Wanneer je daaraan de sterkte toevoegt, krijg je de volledige programeercode, zoals WO7 of WO4. In het voorbeeld met mijn collega heeft hij in mijn jukebox een automatische Philippe-reactie WO7 opgeroepen. Dat wil zeggen dat mijn LP "woede" (WO) met de sterkte 7 afgespeeld was.

Hoe kan ik mijn WO7 code zo klein maken dat het WO(0) wordt? Of hoe kan ik mijn WO7 door een andere emotie vervangen? Achter de meeste Philippe-reacties zit een trauma die zich elke keer met de huidige situatie associeert. Daar komt die emotie (WO7) vandaan. In beleving van Little Albert was het experiment van Watson een traumatische ervaring. Wanneer wij de emotionele beleving van traumatische ervaring uit het verleden met succes veranderen, veranderen wij automatisch daarmee ook onze emotionele reactie in het heden. Wanneer Little Albert geen harde geluiden te horen zou hebben gekregen, zou hij ook niet geschrokken zijn en dus niet bang zijn voor de witte ratten. Hoe kan ik de emotionele beleving van mijn traumatische ervaring veranderen? Ik ga tijdens herbeleven van mijn trauma een zeer sterke (positieve) emotie oproepen.

Voordat wij onze traumatische ervaring uit het verleden kunnen veranderen, moeten wij die ervaring eerst voor de geest terug kunnen halen. In mijn geval was het niet meer mogelijk. Ik kon mij mijn traumatische ervaringen niet meer herinneren. Daarom moest in eerste instantie mijn gezonken Vliegende Hollander met zijn kluisjes opgespoord worden.

Wij gaan terug in de tijd op zoek naar die traumatische ervaring die verantwoordelijk is voor de emotionele reactie. Het proces van zoeken heb ik een trauma-hunting genoemd.

Methode van trauma-hunting

Het jachtseizoen is geopend. Wij gaan jagen op onze trauma's uit het verleden. Weet je nog waar ze zitten? De trauma's zijn opgesloten in de kluisjes van de Vliegende Hollander die ergens op een onbekende plaats diep in de zee van ons onderbewuste gezonken is. Hoe gaan wij de Vliegende Hollander terugvinden? Hoe gaan wij op onze trauma's jagen? Dat doe je net zoals op de muizen jagen. Je weet niet waar ze zitten maar ze komen altijd wel op een stukje kaas af. Zoals de meeste schepen heeft onze Vliegende Hollander ook muizen die zich in de kluisjes verstoppen. Op die muizen (trauma's) gaan wij jagen. Nooit muizen gevangen? Hier is mijn instructie. Zet een muizenval met wat aas neer en wacht.

Laten wij dat voorbeeld met mijn collega nemen. Door zijn gedrag voelde ik woede. De LP "woede" is ergens in mijn jukebox geassocieerd met een bepaald trauma. Deze associatie heeft een parallel (analogie) met Freud's methode van vrije associatie.

Mijn gevoel van woede is mijn aas. De trauma-meditatie is de muizenval waar de muis (trauma) binnen gaat lopen. In mijn slaap weet mijn jukebox de juiste trauma op te sporen, oftewel de trauma die mijn woede oproept. Hetzelfde resultaat kan in de trauma-meditatie bereikt worden. Ik denk dat nu de tijd gekomen is om een beetje te gaan oefenen.

Script van trauma-meditatie (stappen 1 en 2)

1. Take-off. Zinken in de zee van onderbewuste

Voordat je met de trauma-meditatie begint, bestudeer je de take-off procedure voor de trauma-meditatie. Ga zitten. Stel je voor dat je in de cockpit van een moderne straaljager zit. Je bent volkomen veilig. Je ademt langzaam en diep via een zuurstofmasker vanuit de bodem van je beademingsapparaat. Concentreer je op je adem. Wacht totdat je ontspannen bent en je hoofd tot rust gekomen is. Dit brengt je hersengolven in de frequentie die vergelijkbaar is met de lichte slaap. Dit is zeer belangrijk! Wanneer je in de meditatie niet voldoende "gezonken" bent, komt je Vliegende Hollander niet boven water en dus komen je trauma's niet tot je bewustzijn. Een muis komt niet in de val zolang er constante drukte rond de muizenval aanwezig is (gedachten, spanningen etcetera).

2. Trauma-hunting. Muizenval zetten

Roep nu een recente gebeurtenis op die bij jou een Philippe-reactie oproept*. In mijn geval was dat mijn woede die mijn collega opriep. Je zit nog steeds veilig in de cockpit. De ervaring die je hebt opgeroepen heeft een emotie met zich meegebracht. Stel vast waar de emotie in je lichaam zit. Maak je los van je recente ervaring. Laat de ervaring verdwijnen. Laat alleen de emotie achter. Het is niet erg als dat niet lukt. Het gaat in dit geval om de emotie. Die hebben wij nu nodig. Breng je aandacht op de plaats waar die emotie in je lichaam zit. Concentreer je daarop en wacht. De muizenval is gezet. Nu wachten.

De emotie waarop je je concentreert heb je in het vizier van je straaljager. Je hebt een target in je vizier. Daarom noem ik deze emotie een target-gevoel. Dit is het aas waarmee wij een muis uit onze Vliegende Hollander gaan lokken. Wat komt na het wachten? Wanneer je voldoende "gezonken" bent in de meditatie komt uit het verleden een gebeurtenis tot je geest die verantwoordelijk is voor je emotie. Deze gebeurtenis wordt door je jukebox met je Philippe-reactie geassocieerd.

* N.B. Wanneer je geen recente gebeurtenis tot je beschikking hebt, maar toch last hebt van emotie (of een gevoel) concentreer je dan direct op die emotie (target-gevoel). Verder in dit boek vind je voorbeelden van zulke meditaties.

Voorbeeld van een trauma-meditatie

Ik neem de bovengenoemde situatie met mijn collega. Hij gedraagt zicht respectloos en kleinerend. Het doet iets met mij (er wordt een knop van mijn jukebox ingedrukt). Zijn gedrag roept bij mij sterke woede op (WO7). Ik klap door de woede helemaal dicht wanneer ik hem op zijn gedrag probeer aan te spreken. Ik kan mijn collega moeilijk een klap geven om mijn woede te uiten. Ik heb veel last van mijn emotie. Ik heb geen idee waarom ik zoveel woede ervaar en waar die woede vandaan komt. Ik wil er vanaf.

Ik ga op mijn meditatiestoel zitten. Ik zorg voor ontspanning in mijn hoofd en roep de ervaring op.

Target-gevoel

Mijn gevoel van woede is mijn target-gevoel. Het zit ergens in mijn borst. Ik concentreer mij daarop en wacht.

Trauma-ervaring

Er komt een beeld. Ik zie mijzelf op de middelbare school. Ik ben omsingeld door een groep van oudere jongeren. Eén van hun is een hoofd kleiner dan zijn leeftijdsgenoten. Ze zijn veel ouder dan ik ben. Ik wordt door hem en zijn vriendjes gepest en gekleineerd. Er is geen uitweg. Ik zal de strijd tegen de groep verliezen. Ik kan niet voor mijzelf opkomen. Ik ben woedend en machteloos.

Mijn jukebox koppelt mijn woede uit de gebeurtenis van de middelbare school aan de gebeurtenis met mijn collega. In beide situaties kon ik zowel die pestkop als mijn collega niet slaan. Ik voelde veel woede die een uitweg zocht.

Goed, je hebt de juiste trauma opgespoord die verantwoordelijk is voor je Philippe-reactie. Wat nu?

Stap 3. Trauma-programmering

Wij hebben nu een muis gevangen. Wat gaan wij daarmee doen? Ik weet nu waar mijn woede in de situatie met mijn collega vandaan kwam. Het kwam door de gebeurtenis op de middelbare school. Deze gebeurtenis kan ik niet meer veranderen. Dit is een feit uit mijn verleden. Maar ik kan wel de beleving van deze gebeurtenis in mijn herinnering veranderen. Het doel daarvan is mijn emotionele reactie van de gebeurtenis los te koppelen. Met andere woorden; ik ga mijn woede van mijn herinnering loskoppelen. Een voorbeeld. Wanneer ik terugdenk aan de gebeurtenis op de middelbare school, wil ik geen woede maar juist veel kracht en zelfvertrouwen gaan voelen. Mijn jukebox gaat dan vooral de gebeurtenis met mijn collega met mijn kracht en zelfvertrouwen associëren. Dat zal mij de volgende keer in een soortgelijke situatie in staat stellen om vanuit mijn kracht en zelfvertrouwen de persoon op zijn gedrag aan te spreken. Ik zal geen woede meer voelen die bij mij in de weg staat. Hoe kan ik dat bereiken?

Ons leven is een film die tientallen jaren duurt. Alle levensgebeurtenissen worden op een filmstrook opgenomen die later afgespeeld kunnen worden door een filmprojector in ons hoofd (herinnering terughalen). Wanneer een gebeurtenis een sterkte emotie bij ons oproept, loopt de filmstrook in de filmprojector vast waardoor je herhaling van steeds hetzelfde stuk op het beeldscherm te zien krijgt*. In de filmprojector ontstaat een overspanning. Op dat moment wordt de gebeurtenis met de daarbij horende emotie in het geheugen van onze jukebox opgeslagen.

De jukebox zoekt in de toekomst een soortgelijke levensgebeurtenis en zet dan dezelfde LP "emotie" op die geassocieerd is met de vastgelopen filmstrook. Dat vastgelopen stukje van de filmstrook gaan wij goed maken zodat de film verder kan gaan.

NB:* In het ergste geval ontwikkel je een 'Post traumatische stress stoornis' waardoor je steeds opnieuw dezelfde traumatische gebeurtenis herbeleeft.

Laten wij dat vastgelopen stukje van de film onder de loep nemen. Ik ga de trauma herbeleven om te begrijpen wat in die ervaring bij mij een emotie oproept. Ik wordt gepest en gekleineerd door een jongen met zijn vriendjes. Dat roept in mij de woede op die ik niet kan uiten omdat hij met zijn vriendjes een machtspositie heeft. Het uiten van dat gevoel is zeer belangrijk op dat moment. Dat kan ik niet. Daarom wordt mijn woede door mijn jukebox met een stukje vastgelopen filmpje automatisch opgeslagen. Ik moet dus terug naar de ervaring gaan om mijn woede te uiten. Dit is perfect mogelijk in de trauma-meditatie en volkomen veilig voor mijzelf en de omgeving.

NB: In dit boek gebruik ik drie namen voor mijzelf. Flipje (leeftijd tot 10 jaar), Filipp (leeftijd 10 tot 20 jaar) en Philippe (leeftijd tussen de 20 en heden).

Mijn trauma-meditatie gaat verder

Ik zie mijzelf (Filipp) voor een groep van zo'n twaalf jongeren. Zij hebben hem omcirkeld. Zij spugen op hem, delen hem schoppen uit met hun voeten en duwen hem in de rug. Zij amuseren zich prima.

Ik grijp in. Ik trek een dikke glazen muur tussen Filip en die jongeren. Ik ga naar Filipp en vraag hem hoe ik hem zou kunnen helpen. Wat heb je NU nodig? vraag ik hem. Hij wil bokshandschoenen. Hij vraagt mij om de groep van de leider af te scheiden zodat hij alleen met de leider een appeltje kan schillen. Filipp krijgt alles wat hij nu wil. Ik trek de glazen muur over hem en de leider van de groep heen. Zij staan er nu middenin. De rest van de groep staat nu achter de glazen muur te kijken. Filipp slaat de pestkop in elkaar en vraagt de muur open te trekken. Dat doe ik. Hij deelt aan iedereen klappen uit. Voornamelijk degenen die hem het ergst pestten. De meesten liggen op de grond. De rest is gevlucht. Degenen die op de grond liggen durven het niet tegen Filipp op te nemen. Zij kruipen weg. Het voelt heerlijk om de woede eruit te laten komen en vooral om voor jezelf te kunnen opkomen. Filipp krijgt een gevoel van zelfvertrouwen. Hij voelt zich sterk genoeg om voor zichzelf op te komen. Ook voelt hij MIJ (volwassene Philippe) achter zich staan. Dat geeft hem ook een veilig gevoel zodat hij er niet alleen voor staat.

Nu is mijn Philippe-reactie in soortgelijke situaties gewijzigd van woede naar zelfvertrouwen. Ik geef aan mijn zelfvertrouwen in dit voorbeeld het cijfer 8. Mijn jukebox wordt vanzelf geupdate. Hij speelt voortaan de LP "Zelfvertrouwen" met de sterkte 8 af in plaats van de LP "Woede" met de sterke 7 in een soortgelijke situaties zoals die met mijn collega. De programmeercode WO7 is vervangen door ZE8.

Programmeren van emoties

Ben je bekend met het internet? Dan heb je zeker wel eens een webpagina gezien. Een webpagina bestaat uit afbeeldingen en teksten die in een bepaalde opmaak een totaalbeeld voor de bezoeker vormen. Achter dat beeld zit een programmeercode die men de broncode noemt. Wil je die zien? Zoek een submenu "de broncode" of "paginabron" in het hoofdmenu van je browser en je zult een pagina met cijfers en letters te zien krijgen. Dit is de programeercode van de webpagina.

Op dezelfde manier zit de broncode van onze emoties verborgen achter het beeld van onze herinnering. Of anders uitgelegd: Achter een herinnering (webpagina) zit een broncode (bv. WO7) die een emotionele beleving van onze herinnering in ons geheugen (de browser) in stand houdt. De webpagina en de broncode zijn onlosmakelijk met elkaar verbonden.

Verander de broncode en je verandert de webpagina. Vroeger moest een programmeur de broncode zelf veranderen om de webpagina te kunnen wijzigen. Hij moest verstand hebben van cijfers en letters achter de webpagina. Tegenwoordig werkt men met een special softwareprogramma (HTML editor). Door middel van dit programma kun je direct de webpagina zelf veranderen. Je hoeft geen verstand van de broncode te hebben. Na het veranderen van de webpagina, wordt de broncode automatisch mee veranderd. Dit is het idee achter mijn trauma-programmering. Na veranderen van het filmpje (beeld) van de herinnering wordt de emotionele beleving (de broncode b.v. WO7) automatisch mee veranderd.

Je begrijpt dat ik moeilijk mijn opgespaarde woede in werkelijkheid kan uiten. Ik kan nu die jongeren uit mijn voorbeeld moeilijk gaan slaan om alsnog mijn wraak te nemen, zelfs als ik ze meer dan twintig jaar later terug zou kunnen vinden. Dat is ook absoluut niet nodig. Waar het om gaat is dat je de traumatische ervaring in je herinnering voor je gevoel "recht zet". Het doet er niet toe dat je in de trauma-programmering dingen doet die in je verleden nooit hebben plaatsgevonden. Waar het om gaat is: Werkt het? Of werkt het niet? Uit mijn ervaring kan ik zeggen dat zulke traumatische herinneringen na een trauma-meditatie opnieuw in mijn geheugen worden opgeslagen met een nieuwe emotionele lading. Wanneer ik aan de herinnering met die groep jongeren terugdenk, voel ik zelfvertrouwen en kracht in plaats van woede en machteloosheid. Dit geldt nu ook voor situaties in het heden wanneer iemand zich respectloos en kleinerend gedraagt. De trauma-programmering is dus blijvend. Ik denk dat veel kleine kinderen hun traumatische ervaringen met pesterij door leeftijdsgenootjes op die manier "goedmaken" om van hun nare emoties af te komen. Zij gaan de ervaring herbeleven waar ze dingen zeggen en doen, die hun een goed gevoel geven. Soms doen ze dat in hun spel. Op die manier laten ze hun vastgelopen emotie uit. Dat doen ze uit zichzelf. Dit zit volgens mij in de natuur van de mens.

Wie doet wat in de trauma-meditatie?

Er zijn altijd twee personen in de trauma-meditatie. Beide ben ikzelf uit twee verschillende tijden. Een volwassene van het nu die de regie in handen heeft en één uit de traumatische ervaring uit het verleden. Je hebt als het ware twee petten op. Je speelt zelf de rol van zowel de behandelaar als de cliënt, van vlieginstructeur en leerling, van regisseur en acteur. Het is dezelfde combinatie als die van moeder en dochter. Je hebt een dochter maar je hebt ook je eigen moeder. Je bent een moeder en dochter tegelijk. Je kunt je eigen gevoelens als moeder en dochter tegelijk ervaren.

Neem afstand van je emoties

In de trauma-meditatie ervaar ik het verschil tussen de emoties van Filipp uit het trauma en van Philippe uit het nu. Ik voel dan emoties welke bij Filipp uit het verleden horen en emoties bij Philippe van het nu. De emoties van Filipp uit het verleden moeten behandeld worden. Ze kunnen zo overweldigend en meeslepend zijn dat ik mijzelf niet meer los van die emoties kan maken. Ik moet afstand kunnen nemen van die nare emoties om ze hanteerbaar te maken. Met andere woorden; ik moet mijzelf van mijn nare emoties loskoppelen. Ik moet te allen tijde rationeel kunnen blijven denken, zonder dat ik met mijn emoties meegesleept word. Dit is noodzakelijk voor de rol van Philippe uit het nu in de trauma-meditatie. Hoe doe ik dat? Ik zie mijzelf vaak in een traumatische ervaring uit het verleden. Dit lijkt op een film waar Filipp een hoofdrol heeft. Wanneer ik hem zie, voel ik zijn emoties in mij opkomen. Ik probeer die dan te voelen maar niet direct te associëren met Philippe van het nu. Hoe doe ik dat? Een voorbeeld: Op dezelfde manier zit ik in een bioscoop naar een film te kijken. Ik zie een acteur in een emotionele scene. Zijn vriendin gaat dood. Ik voel zijn verdriet. Ik zeg tegen mijzelf. 'Het is mijn verdriet niet, het is zijn verdriet. Ik ben het verdriet niet.' Ik voel de grens tussen "ik ben" en mijn emotie. Ik ben niet mijn emotie. Deze hoort bij mij net zoals mijn neus, ogen, oren, benen en mijn haar ook bij mij horen. Op die manier kan ik het verdriet van de acteur voelen en tegelijkertijd goed rationeel blijven denken zonder dat ik meegesleept word met zijn emoties. Rationeel denken hoort bij de rol van Philippe van het nu. Want hij is degene die mij door mijn trauma-meditaties leidt. Zijn emotionele staat moet altijd neutraal, onafhankelijk en onpartijdig blijven. 'Maar hoe dat je dat?' zou je zeggen. Dat doe ik door geen medelijden met mijzelf te hebben. Voor de trauma-meditatie is het erg belangrijk om geen medelijden met jezelf te hebben. Wanneer dat het geval is, zou ik automatisch in de slachtofferrol vallen. Daardoor zou ik mijn emoties niet los kunnen ervaren en overweldigd door mijn emoties compleet vastlopen in mijn trauma-meditatie. Mijn advies; ontwikkel mededogen voor jezelf in plaats van medelijden. Mededogen is geen liefde ván jezelf, het is de liefde vóór jezelf. Het is geen egoïsme. Medelijden met jezelf is destructief, het trekt je naar de bodem van de put. Mededogen voor jezelf is helend, het duwt je naar boven, naar de hemel, naar de zon. Hoe kom je van je medelijden met jezelf af? Ga je gedachten na. Ergens zit een denkpatroon zoals; Kijk wat mij is aangedaan! Ik ben het slachtoffer van... Dit is mijn schuld niet... Ik heb pech gehad met... Het is mijn lot dat.. Dit overkomt alleen mij! Zij wel en ik niet! Dergelijke gedachten zijn een onuitputtelijke bron van zelfmedelijden. Ik begreep op een gegeven moment dat ik daarmee nooit ver zou komen. Ik zei tegen mijzelf: Ja, ik heb een traumatische jeugd gehad die nog steeds in de weg staat. Hoe kan ik dat toch "een plaats" geven zodat ik het achter mij kan laten? Ik wil nog iets positiefs maken van de rest van mijn leven. (Ik ben 34 jaar op het moment van het schrijven van dit boek). Hoe kan ik nog van mijn leven genieten? Hoe kan ik gelukkig zijn? Dit alles was mijn brandstof voor het bedenken van de trauma-meditatie.

Hierna volg een script dat je kunt volgen om je nare emotie(s) van je trauma's los te koppelen.

Script van trauma-meditatie (stap 3)

3. Trauma-programmering.

Begin met de meditatie. Je hebt de take-off en de stappen voor trauma-hunting doorgelopen. Je bent in de zee van het onderbewuste gezonken, hebt een muizenval gezet en een muis gevangen. Je hebt nu een beeld, een trauma uit je verleden.

Neem afstand van je emoties

Je ziet een beeld of een filmpje met een trauma. Begin met afstand van je emoties te nemen. Zie jezelf op een groot bioscoopscherm. Je zit in de zaal. Je kijkt naar de film waar je jezelf ziet. Je ziet jezelf in de traumatische ervaring. Voel geen medelijden met jezelf. Zorg dat je niet overspoeld raakt met je emoties. Zeg tegen jezelf; ik ben mijn emoties niet! Koppel jezelf los van je emoties. Mocht het niet gaan lukken omdat je ervaring zo overweldigend is en/of je wordt meegesleept met je emoties waardoor je totaal vastloopt, gebruik dan het mechanisme van de trauma-katapult uit het hoofdstuk "Do's en dont's van trauma-meditatie". De trauma-katapult gaat jou uit de traumatische ervaring weghalen. Het is belangrijk dat je in je trauma-meditatie rationeel kunt blijven denken. Denk aan twee rollen, die van een vlieginstructeur en leerling. De vlieginstructeur geeft instructies aan zijn leerling, helpt en ondersteunt hem, houdt hem in de gaten, communiceert met hem, zorgt dat de vlucht veilig verloopt, grijpt in wanneer het nodig is, trekt, zo nodig, aan de hendel van het katapultmechanisme, etcetera.

Beleef je trauma opnieuw

Laat het beeld of een filmpje goed op je afkomen. Duw hem niet weg uit je geest. Beleef de traumatische ervaring volledig tot het einde. Noteer emoties die de ervaring in je oproept. Deze emoties horen bij de leerling.

Wat heeft de leerling nodig?

Voel zijn emoties. Vraag aan je leerling, wat hij in deze situatie nodig heeft. Wat heeft hij nodig om zijn nare emotie te uiten? Wat heeft hij nodig om een sterke positieve emotie te krijgen? Wanneer hij nog erg jong is (bijvoorbeeld een kind van vijf jaar) kun je dat zelf goed aanvoelen. Meestal is het troosten, het geven van veiligheid, genegenheid en veel liefde.

Verander je beeld (filmpje)

Verander de situatie in je beeld (filmpje) waardoor je leerling emoties krijgt die hij nodig heeft. Deze emoties zijn het tegenovergestelde van de emoties waar hij last van heeft. Hoe verander je het filmpje? Dat kun je doen door een nieuwe actie of een nieuw element aan je filmpje toe te voegen. Gebruik je creatief vermogen, je fantasie. Laat de grenzen van de realiteit vallen. In je filmpje is alles mogelijk. Bestudeer het hoofdstuk Do's en Don'ts van trauma-meditatie.

Actie

Denk aan een nieuwe actie of een handeling in je filmpje die bij je leerling benodigde emoties oproept. Deze actie kan of door jou of door je leerling of door beide uitgevoerd worden. Denk aan de bokshandschoenen die Filipp kreeg om zijn pestkoppen te kunnen slaan.

Element

Je kunt ook een nieuw element in het filmpje toevoegen. Denk aan de glazen muur die de groep jongeren afscheidde in het bovengenoemde voorbeeld. Dit element heeft Filipp in veiligheid gebracht waardoor hij tot actie kon overgaan. Daarnaast kun je aan je filmpje de volgende elementen veranderen:

- ➢ Verlichting. Breng meer licht in het beeld. Bijvoorbeeld het zonlicht. Voel het effect op de emoties van je leerling. Dit werkt heel goed bij mij in mijn trauma-meditaties.

- ➢ Kleuren. Je kunt de kleuren zachter of just intenser maken. Of bijvoorbeeld het beeld zwart-wit laten worden of andersom.

- ➢ De grootte van, of de afstand tot het beeld. Je kunt het beeld of de afstand tot het beeld groter of kleiner maken.

- ➢ Snelheid van afspelen. Laat het filmpje sneller of langzamer afspelen.

- ➢ Geluiden. Maak die zachter of harder. Vervang geluiden door nieuwe of vertrouwde geluiden. Breng nieuwe geluiden. Verander stemmen van personages. Laat bijvoorbeeld iemand met de stem van Mickey mouse praten enzovoort.

➢ Geuren. Verander geuren. Breng nieuwe of reeds vertrouwde geuren in beeld.

➢ Tastbare elementen. Laat bijvoorbeeld de warme zeelucht in je gezicht waaien.

Bij invoering van een nieuw element moet je goed voelen wat het met de emotie van je leerling doet. Helpt het? Of helpt het niet? Zo niet, probeer dan een ander element.

Emotiecheck

Laat je nieuwe actie en element hun werk doen. Check of de nare emoties van je leerling beginnen te zakken. Je doel is om de sterkte van je nare emotie (bijna) tot 0 te brengen. Ga door totdat je nare emotie door een tegengestelde emotie vervangen is. Weet je nog mijn voorbeeld met die groep van jongeren? De programeercode WO7 is bij mij vervangen door ZE8. Wanneer je voelt dat het geen gewenst effect heeft, bedenk dan een nieuwe actie en/of element. Aan het einde van de trauma-programmering breng je je leerling naar een trauma-paradijs.

Stap 4. Trauma-paradijs

Ik heb in mijn emotionele wereld een virtuele plaats gecreëerd waar de onvoorwaardelijke liefde en intens geluk centraal staan. Dit paradijs heb ik zelf verzonnen. Dat bestaat alleen in mijn geheugen (voorstellingsvermogen). Als ik mijn ogen sluit, zie ik een warme waterval met een blauw meer, omcirkeld door in groen bekleedde bergen en tropische bomen. Daar schijnt altijd de zon, daar is het niet te warm en niet te koud. Ik hoor het geluid van de waterval en van de kleurrijke tropische vogels. Ik voel de zachte warme wind in mijn gezicht en de koele waterspetters die de lucht fris maken. Het is heerlijk om daar te zijn. Het trauma-paradijs wordt nooit door vreemden bezocht. Het is een vergeten plaats middenin het tropisch oerwoud.

Mijn leerlingen gaan na de trauma-programmering naar het trauma-paradijs. Als oorlogsveteranen worden ze daar naar toegestuurd om ontspanning, innerlijke rust en vreugde terug te krijgen. Daar worden ze opgevangen door de meest liefdevolle mens die er in mijn leven ooit geweest is. Dat is mijn oma. Zij geeft haar liefde en troost aan elk leerling die daar aankomt. Het trauma-paradijs is een zeer belangrijke stap in de trauma-meditatie. Met deze stap rond je je trauma-programmering af.

Wat is het doel van deze stap? Wanneer je je webpagina gewijzigd hebt, wil je natuurlijk de wijzigingen opslaan. Dat doe je door op de knop "opslaan als" te drukken, dan een plaats van opslaan te kiezen (bijvoorbeeld "Mijn documenten") en dan uiteindelijk de webpagina in die map op te slaan. Hetzelfde mechanisme gebruik ik voor de trauma-programmering. Ik sla de programmeercode (ZE8) in mijn trauma-paradijs op.

Bedenk je eigen trauma-paradijs. Het maakt niet uit wat het is en waar het is. Het is belangrijk dat je daar je veilig en gelukkig voelt. Gebruik je creatieve vermogen. Bedenk ook iemand die de rol van mijn oma in je trauma-paradijs gaat spelen. Hij of zij gaat je getraumatiseerde leerlingen opvangen, liefde, genegenheid en warmte geven. Dat kan een overleden familielid zijn of een dierbare die nog leeft. De rol van mijn oma is zeer essentieel in het trauma-paradijs. Wanneer je dat zelf een keer hebt ervaren zul je begrijpen wat de liefde van een dierbare voor je kan betekenen. In het volgende hoofdstuk heb ik een logboek van mijn trauma-meditaties opgenomen. Daar zul je voorbeelden van mijn trauma-meditaties en mijn trauma-paradijs kunnen lezen. Maar eerst ga ik uitleggen wat het logboek is.

Logboek van trauma-meditatie

Elke vlieginstructeur heeft een logboek waarin hij alle vluchten noteert. Het is belangrijk dat je ook een logboek bijhoudt. In je logboek maak je notities van je trauma-meditaties. Het bijhouden van een logboek heeft drie doelen.

Ten eerste: Na een half jaar ga ik mijn logboek nalezen. Dat doe ik om te checken wat de inhoud daarvan met mijn emoties doet. Dit is een nacontrole in de vorm van een emotiecheck. Mocht ik trauma-ervaringen tegenkomen die nog de resten van nare emoties in mij oproepen, behandel ik ze opnieuw in een trauma-meditatie.

Ten tweede. Door je trauma-meditaties op te schrijven schep je extra afstand van je trauma-ervaring. Waarom? Wat is het verschil tussen je trauma-ervaring die in je geheugen weergegeven wordt en je trauma-ervaring die op papier staat? Het is hetzelfde verschil als tussen een webpagina die je op een computerscherm ziet en een webpagina die je uitgeprint hebt. De webpagina wordt opeens tastbaar. Je kunt de webpagina opeens in stukjes scheuren, verbranden, een boek daarvan samenstellen of een vliegtuigje maken. Maak daar twintig vliegtuigjes van, ga naar een hoge plaats, bijvoorbeeld een dak van een hoog gebouw of een plaats zoals het Vrijheidsbeeld in New York of de Eiffeltoren in Parijs en laat de wind je vliegtuigjes meenemen. Dit is een vorm van een ritueel afscheid van je trauma's. Ik heb ervoor gekozen om een boek te gaan schrijven.

Ten derde. Wanneer je over je trauma-ervaring schrijft, beleef je je nare emoties opnieuw. Soms voel ik dat mijn trauma-meditatie een verborgen emotie blootlegt die tijdens het schrijven naar boven komt. Zo kwam een enorm schuldgevoel na mijn trauma-meditatie over mijn overleden hond. Van je afschrijven oftewel schrijven over je emoties kan therapeutisch en helend werken. Het kan net zo goed helpen als het vertellen van een verhaal. Schrijven is doeltreffend en soms zelfs beter dan praten. Van je afschrijven staat centraal in een zogenaamde schrijftherapie die door psychologen gebruikt wordt.

Logboek van mijn trauma-meditaties

In één trauma-meditatie behandel ik meerdere trauma's. Na het behandelen van het eerste trauma zet ik meteeen dezelfde muizenval voor de volgende trauma. Dit process herhaal ik totdat het target-gevoel (bijna) weggaat of onder 10 procent zakt.

22 augustus

Ik ben een bestuurslid van een stichting. Er komt een klacht binnen:

"Ik ga een klacht indienen bij een Tv-programma i.v.m. de handelwijze bij uw organisatie. Vieze oplichters" Henk.

Nogal grof taalgebruik. Ik snap er helemaal niets van wat die man bedoelt. Wie is die ene Henk? Ik ken hem niet. Hij heeft zijn achternaam er niet bijgezet. Welke handelwijze bedoelde hij nou? Het is de allereerste eerste keer dat er überhaupt een klacht bij ons binnenkomt en nu nog op deze respectloze wijze ook. Ik voel van alles van binnen. Angst, onrust, een vastzittend gevoel in mijn keel. Mijn "ik-ego" ontwaakt en schiet in de verdediging. Ik voel me aangevallen en persoonlijk respectloos behandeld. Het liefste zou ik nu een heel boze email terug willen schrijven waar ik hem goed op zijn plaats zet. Maar dat wil ik niet. Ik wil niet vanuit mijn nare emoties gaan schrijven. Ik wil kalm en klantvriendelijk blijven, wat er ook gebeurt. Ik ga mediteren.

Target-gevoel

Ik concentreer mij op dat gevoel in mijn keel en laat mijn geest haar werk doen.

Beeld

De eerste trauma uit mijn jeugd komt naar boven. Ik ben een kind van een jaar of acht en ben buiten aan het spelen. Een grote man heeft tegen mij bedreigend gezegd dat ik "het ding" morgen naar hem toe moet brengen. Ik word heel erg bang. (De dag daarvoor was ik door mijn moeder bang gemaakt om vooral niet mijn sleutel van onze woning te verliezen want dan konden wij worden beroofd!). Ik concludeer meteen dat "dat ding" de sleutel van onze woning is. Ik ren weg, ga naar huis en sluit mij van binnen op. Van angst en stress val ik in een diepe slaap. Het is laat in de middag. Ik word wakker van geluiden in de keuken. Een man kruipt door het raampje van de keuken naar binnen. Een golf van dierlijke angst gaat over mijn lichaam heen. Ik schreeuw uit de diepte van mijn buik en probeer hem terug naar buiten te duwen. Ik zie dat onder ons raam (wij woonden op de begane grond) veel buren, mijn moeder en andere toekijkers staan te lachen. Ik ben in shock van het schrikken, stijf van de zenuwen en ik voel mij uitgelachen door de hele buurt en ook nog eens door mijn eigen leeftijdsgenoten.

De tijd voor de vlieginstructeur om in te grijpen.

Ik visualiseer een glazen wand tussen die man en mij. Ik omarm het kind in de warme deken van mijn liefde.

Zijn lichaam begint te ontspannen van de shock en langzaam valt hij in mijn armen in een diepe slaap. Ik neem hem mee naar mijn trauma-paradijs. Wij glijden door een tunnel en vallen direct in het water van het meer, zoals je dat in een waterpark doet. Daar spelen al mijn traumakinderen in constante liefde en vreugde. Helaas werkt het niet. Hij voelt zich daar niet gelukkig en gaat niet mee in het meer spelen. Ik neem hem in mijn hart en omarm hem met de liefde. Het werkt. Hij begint langzaam daarin te smelten. Als ik het beeld van de keuken met die man in het raam terugroep, zie ik een dikke glazen wand tussen hem en mijn omgeving. Het voelt veilig. Ik voel geen angst meer.

PS: Wat is er gebeurd? Wie was die man die mij "het ding" vroeg te brengen? Ik heb mijn moeder nooit over die man verteld omdat ik zo bang van die man was. Jaren later kwam ik erachter dat die man laagbegaafd was. Wie was die man die door het raam naar binnenkroop? Mijn moeder kon niet naarbinnen omdat ik mij van binnenuit had opgesloten. Zij heeft aangebeld, maar omdat ik zo diep sliep hoorde ik haar niet. Daarom heeft ze een buurman ingeschakeld die door het kleine raam in de keuken probeerde binnen te komen om het slot van binnenuit open te doen.

Terug naar het target-gevoel

Ik ga door met mediteren. De emoties in mijn keel waarop ik mij concentreer zijn minder aan het worden. Ik concentreer mij daar weer op.

Beeld

Ik zie het tweede trauma. Flipje (4 á 5) is achtergelaten op straat in een onbekend deel van de stad. Hij is erg bang en aan het huilen. Hij weet niet waar oma is en of zij ooit terugkomt. De overlevingsangst en angst voor de onbekende toekomst zijn groter dan hijzelf. Er is niemand om hem heen. Ik omarm Flipje met de warme deken en neem hem in mijn armen. Ik geef hem liefde. Langzaam begint hij tot rust te komen en zich te ontspannen totdat hij in een diepe slaap valt. Ik probeer hem naar beneden in mijn trauma-kind-paradijs te laten glijden. Hij is ongelukkig daar omdat hij nog niet klaar is met zijn verdriet. Ik neem hem terug in mijn hart en omarm hem met mijn liefde. Het werkt.

Terug naar het target-gevoel

Ik concentreer mij weer op dat gevoel.

Beeld

Er komt een derde trauma. Flipje (4 jaar) bevindt zich in de kinderopvang. Er gebeurt iets, niet iets ergs maar iets kleins en onbelangrijks, maar alle kinderen omcirkelen Flipje en beginnen hem uit te lachen. Wat ik voel komt dicht in de buurt van het gevoel dat ik van die klacht per email heb gekregen. Ik probeer Flipje mijn liefde te geven en naar mijn trauma-paradijs te sturen. Beide opties werken niet. Het verandert niets aan de beleving van Flipje. Het gevoel gaat niet weg. Als ik niet zijn innerlijke beleving kan veranderen, misschien kan ik dan de situatie veranderen. De oplossing komt vanzelf binnen. Flipje krijgt een tuinslang in zijn handen en begin iedereen met water te spuiten. Kinderen gillen en proberen weg te rennen. De meesten zijn kletsnat zodat je door hun jurkjes en T-shirts hun ondergoed kan zien. Flipje voelt zich een stuk beter. Zijn negatieve gevoelens verdwijnen als sneeuw voor de zon. Plotseling zie ik liefdevolle ogen van een klein meisje uit mijn groep. Zij is helemaal nat maar blijft voor Flipje staan en kijkt hem met haar ogen vol liefde aan. Van mijn moeder weet ik dat zij altijd voor mij heeft gezorgd, mij aankleede en dergelijke. Zij en ik kijken in elkaars ogen. Ik voel de innerlijke rust langzaam mijn lichaam en geest opvullen. Het werkt.

Mijn target-gevoel is bijna weg. Misschien een klein restje nog. Als ik de klacht teruglees, heb ik geen last meer van onrust, angst en negatieve gedachten. Ik blijf rustig zonder iets te doen. Er zit nog een klein beetje van dat gevoel in mijn keel. Dat ga ik in mijn volgende meditatie "behandelen". Ik begrijp nu dat ik die meneer met zijn klacht dankbaar moet zijn. Hij heeft opgeslagen trauma's, die in mij vastzaten, in mij naar boven gehaald.

22 augustus

Na mijn trauma-meditatie over de klacht heb ik geen last meer van angst en onrust! Toch merk ik dat ik onbewust met de klacht bezig ben. Het is een gevoel van wachten op wat er komt. Ik wacht op antwoord van die meneer Henk die de klacht heeft geschreven. Ik heb in alle rust aan meneer Henk een email geschreven waar ik hem vriendelijk om toelichting van zijn klacht vroeg. Dat wachten op het onbekende, op wat er komt, houdt mij erg bezig in de vorm van een vaag gevoel en lichte spanning. Ik voel nog een restje van het vastgelopen 'kut' gevoel in mijn keel. Tijd om te mediteren.

Target-gevoel

Ik concentreer mij op het gevoel in mijn keel. Ik laat mijn geest zich ontspannen en wacht.

Beeld

Er komt een beeld. Ik ben gepest en uitgelachen op school. Een jongen die twee jaar ouder is dan ik maar veel kleiner heeft mij een aantal schoppen gegeven met zijn voet tegen mijn kont. Het ging met afwisseling van spugen naar mij. De rest van zijn vrienden staan eromheen, genietend van "de show". Elke spuug of schop wordt met uitlachen en commentaar begeleid. Ik ben gespannen in afwachting van de volgende actie van hem. Wat gaat hij nu doen? Spugen, schoppen of iets anders? Ik voel dat ik weinig tegen hem kan ondernemen. Het is niet de eerste keer dat zij mij pesten. Hij en zijn vrienden hebben altijd de macht over de situatie. Dat wachten op de volgende schop of gespuug bezorgt mij in mijn machteloosheid en verdriet enorme spanning (daar komt het dus vandaan!).

Omdat ik erg lang was voor mijn leeftijd, was ik een geliefd doel voor de oudere jongeren. Vooral één van hen had altijd veel zin in het pesten. Omdat hij veel kleiner was dan rest van zijn leeftijdsgenoten, moest hij constant zelfbevestiging zoeken door mij te kleineren en te pesten. Het was niet de eerste keer dat hij mij zo 'behandelde'.

De tijd om in te grijpen

Ik probeer mijzelf te helpen. Filipp is in de puberteit. Ik merk dat, als ik hem in mijn warme deken neem en probeer liefde te geven, hij zich dan anders gedraagt. Hij wil het namelijk niet. Hij wil niet als kind getroost worden. Mijn trauma-paradijs werkt ook niet! Wat nu? Ik probeer hem te vragen wat hij nodig heeft. Hij wil van de rest afgeschermd worden om eerst met die ene jonge te gaan vechten. Ik scheid hem met een glazen wand van de rest af en laat hem met die jongen vechten. Het gaat goed, Filipp deelt klappen uit. Met elke klap voelt Filipp zich beter totdat die jongen op de grond komt. Filipp is de winnaar maar zijn nare emoties komen terug. Het werkt niet. Wat nu? Ik probeer die jongen belachelijk te maken. Filipp krijgt een touw in zijn handen. Zijn tegenstander is nu vastgebonden aan zijn benen, hij hangt ondersteboven, boven een wc-gat vol met poep. Filipp laat hem elke keer in dat gat zakken. Zijn hoofd wordt bedekt met de bruine poepresten. Filipp schiet eerst in de lach maar snel krijgt hij medelijden met die jongen en laat hem gaan. Het liefst zou Filipp hem liefdevol willen omarmen.

Dat werkt dus ook niet. Wat nu? Het gevoel gaat niet weg. Plotseling zie ik Filipp zich liefdevol voor de voeten van die jongen buigen, zoals een monnik dat voor Boeddha doet. Die jongen is nu de winnaar. Het voorhoofd van Filipp raakt de vloer. De jongen is daardoor in de war, hij mompelt iets. Ik zie verschillende gevoelens in zijn ogen die zicht constant afwisselen. Hij weet niet hoe hij zich nu moet gedragen. Hij voelt veel schaamte, ongemak en wil niet zijn imago voor zijn vriendjes verliezen. Wat een wonder! Het werkt! Mijn nare gevoel van voor dit trauma is weg.

Terug naar het target-gevoel

Ik ga met mijn aandacht terug naar mijn target-gevoel. Het is kleiner geworden maar nog steeds aanwezig. Ik concentreer mij daarop.

Beeld

Er komt een beeld. Ik ben thuis. Het is rond 18.00 uur. Ik weet dat straks mijn moeder van haar werk komt. Ik ben erg gespannen wat er nu gaat gebeuren. Vaak kwam mijn moeder "opgeladen" van haar werk. Er kwam elke keer een golf van verbaal geweld, schelden, intimideren en kleineren. Mijn lichaam verkeert in constante spanning. Mijn zenuwen zijn gespannen als gitaarsnaren. In deze staat zie ik mijzelf in onze woning op haar wachten. Ik wil Flipje helpen. Mijn liefdevolle deken helpt niet. Ik merk dat de liefdevolle deken en het traumaparadijs niet meer werken bij de oudere ik. Ik hoor mijn moeder binnenkomen. Ik sluit de kamer, waar Flipje in spanning zit, goed af. Ik visualiseer weer een dikke glazen wand waarmee ik hem van zijn moeder afscherm. Hij is nu veilig. Ik ga tegenover hem zitten en wij kijken in elkaars ogen. Ik weet niet hoe ik hem nu kan helpen.

Hij zegt tegen mij: 'Het is goed zo, het is mijn taak om hier te zijn. Ik kies ervoor om te blijven.' Hij heeft de ogen van een oude wijze man. Door zijn woorden voel ik een golf van innerlijke rust over ons heengaan. Het target-gevoel is weg.

Nacontrole van mijn target-gevoel

De sterkte van mijn target-gevoel is van 10 naar 1 gegaan. Met andere woorden; het is met 90 procent afgenomen. Uit ervaring weet ik dat de resterende 10 procent vanzelf weg zal gaan.

PS: Ik heb nooit het antwoord van de meneer Henk op mijn email teruggekregen. In mijn gedachten bedank ik meneer Henk voor zijn email.

27 augustus

Ik voel me een beetje ziek. Last van mijn maag, misselijk, erg moe en ik voel me zwak. Voornamelijk misselijkheid die op de achtergrond aanwezig is. Ik kan dat voelen. Ik ga mediteren.

Target-gevoel

Ik ga mij op dat gevoel van misselijkheid concentreren.

Beeld

Ik zie mijzelf (8 á 9 jaar) in een ziekenhuis. Ik word opgenomen en onderzocht. Ik voel mij erg ziek. Ik ben erg misselijk, moe, licht in mijn hoofd en zo zwak dat ik nauwelijks rechtop kan staan. Ik moet echter van de dokter voor haar onderzoek rechtop blijven staan. Plotseling wordt alles zwart en ik val flauw. Het beeld van dit voorval verdwijnt.

Terug naar het target-gevoel

Ik concerteer mij weer op het target-gevoel.

Beeld

Ik zie een verdrietig Flipje die aan het huilen is. Ik neem hem in mijn armen en geef hem liefde.. Hij voelt zich beter. Ik heb hem met al mijn liefde tegen mijn lijf gehouden.

Terug naar het target-gevoel

Ik concentreer mij weer op het target-gevoel.

Beeld

Ik zie Filipp, zijn leeftijd is twaalf á dertien jaar. Zijn hond is gestorven. Filipp hield veel van hem. Hij kan niet huilen. Hij zit op de bank en houdt zijn verdriet binnen. Ik ga naast Filipp op de bank zitten. Ik sluit hem in mijn armen, geef hem een kus op zijn voorhoofd. Dit doe ik allemaal met de liefde van een moeder. Hij accepteert dat en geeft zich aan de liefde over. Langzaam begint hij te huilen. Het wordt steeds erger. Hij huilt. Ik voel de brok van verdriet in zijn keel langzaam wegsmelten. Hij is nog steeds in mijn armen. Filipp is uitgehuild. Hij is opgelucht. Ik neem hem in mijn hart. Daarna stuur ik hem naar mijn trauma-paradijs. Tot mijn verbazing voelt hij daar zich gelukkig.

Terug naar het target-gevoel

Ik concentreer mij weer op mijn target-gevoel.

Beeld

Ik zie klein Flipje in de zee zwemmen. Hij heeft water in zijn mond en in zijn luchtwegen gekregen. Hij is het water aan het uithoesten. Niet fijn. Ik probeer hem te omarmen, liefde te geven, te troosten, een "moeder" voor hem te zijn. Hij accepteert het, hij komt snel bij. Verder wil hij niet naar mijn trauma-paradijs. Hij wil terug naar de zee, spelen en zwemmen. Hij is weer vrolijk.

Nacontrole van mijn target-gevoel

Het is bijna weg. Het target-gevoel is nu onder 10 procent.

31 augustus

Naast mijn woning bevindt zich een basisschool. Elke middag komen daar moeders met hun fietsen en auto's hun kinderen ophalen. Ik merk dat die moeders, die zo zorgvol voor hun kinderen zijn, mij een gevoel van irritatie en onderdrukte boosheid bezorgen. Ik heb besloten om daar iets mee te doen.

Meditatie. Ik roep een beeld op van de school met de wachtende moeders. Het gevoel van irritatie/boosheid komt langzaam in mijn lijf. Ik voel nu waar het precies in mijn lijf zit. Het lijkt op een zwaar blok dat in de zonnevlecht zit; een plek die zich enkele centimeters boven de navel bevindt.

Target-gevoel

Ik concentreer mij op dat blok in mijn zonnevlecht.

Beeld

Plotseling voel ik een klap in mijn gezicht. Iemand heeft mij met een vuist een harde klap gegeven. Het doet zo'n pijn dat ik mijn schedel voel. Verder krijg ik geen beeld.

Terug naar het target-gevoel

Ik concentreer mij weer op het target-gevoel.

Beeld

Ik zie mijzelf. Flipje is rond de drie jaar en speelt in een zandbak met andere kinderen. Hij is erg boos en weet niet wat hij moet doen. Er zijn geen volwassenen in de buurt. Flipje gooit zand naar een ander kind (boosdoener). Ik neem Flipje in mijn armen, geef hem liefde en probeer hem naar het trauma-paradijs te brengen. Hij wil niet, hij voelt zich nu beter en hij wil in de zandbak blijven. Ik laat hem in de zandbak verderspelen.

Terug naar het target-gevoel

Ik concentreer mij weer op het target-gevoel.

Flipje 1 jaar met zijn moeder in 1978

Flipje 1 jaar met zijn moeder in 1978

Flipje 1 jaar met zijn oma in 1978

Flipje 3 jaar met zijn moeder in 1980

Flipje 3 jaar met zijn moeder in 1980

Flipje 3 jaar met zijn moeder in 1980

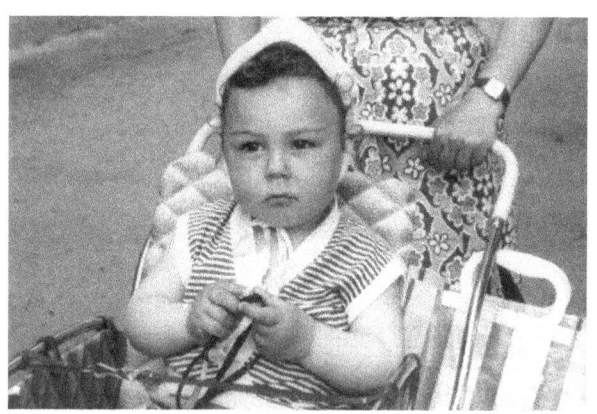

Flipje 1 jaar in 1978

Flipje 3 jaar in 1980

Flipje 7 jaar in 1984

Filipp 11 jaar in 1988

Beeld

Ik zie Flipje (3 jaar) huilend in de armen van zijn oma. Hij heeft veel pijn omdat hij op zijn hoofd is gevallen. Ik omarm mijn oma en Flipje, geef ze liefde en breng ze naar het trauma-paradijs. Zij worden goed ontvangen. Daar leven meerdere Flipjes die in het trauma-paradijs hun innerlijke rust en geluk hebben gevonden. Iedereen rent naar oma toe en wil een knuffel van haar. Flipje voelt zich nu prima, hij vergeet zijn pijn en begint met de rest te spelen.

Terug naar het target-gevoel

Ik concentreer mij weer op het target-gevoel.

Beeld

Ik zie kleine Flipje. Kinderen spugen op hem. Ze spugen zoveel dat hij niets daartegen kan doen. Er zijn geen volwassenen in de buurt. Flipje voelt zich alleen, verdrietig en machteloos. Ik trek een glazen koepel over Flipje heen, neem hem in mijn armen en geef hem mijn liefde.

Daarna roep ik de hulp in van een grote spuugmachine. De machine spuugt alle kinderen onder met hele grote klodders spuug. Dat zijn olifantenklodders. Flipje moet lachen. Ik laat hem naar mijn trauma-paradijs glijden waar hij zijn oma ontmoet en andere Flipjes. Hij voelt zich gelukkig daar.

Terug naar het target-gevoel

Ik concentreer mij weer op het target-gevoel.

Beeld

Ik zie Flipje op een feest op school waar veel kinderen zijn. De ouders van alle kinderen zijn aanwezig, ze zijn apentrots op hun kinderen. Zijn moeder is er niet..
Flipje voelt zich alleen. Zijn moeder komt misschien later. Ik neem Flipje in mijn armen, geef hem liefde en stuur hem naar mijn trauma-paradijs. Het werkt.

Terug naar het target-gevoel

Ik merk dat mijn target-gevoel begint te verdwijnen. Het is nu meer een uitgesmeerd gevoel tussen mijn keel en zonnevlecht. Ik concentreer mij daarop.

Beeld

Weer een klap in mijn gezicht. Dezelfde vuist. Pijn in mijn borst. Ik neem Flipje in mijn handen en geef hem mijn liefde. Ik zet een stenen muur tussen ons en de vuist. De vuist gaat erdoorheen. Ik plaats een dikkere muur, dit keer van beton. Ik hoor dat de vuist tegen de muur slaat en zichzelf veel pijn doet. Ik heb geen idee wat dat is en bij welke herinnering dat hoort. Ik breng Flipje naar mijn trauma-paradijs. Flipje voelt zich nu veilig en beschermd.

Nacontrole van mijn target-gevoel

Ik concentreer mij weer op het target-gevoel. Het is bijna weg. Er zit nog een piepklein restje in mijn keel. Ik voel mij nu anders, ik voel ruimte die ontstaan is waar eerst dat blok zat. Ik voel mij lichter. Ik voel mijn adem dieper in mijn buik komen.

2 september

Vanochtend ben ik naar een vergadering geweest. Wij hebben het over bezuinigingen gehad door de overheid. Daardoor komen de meest kwetsbare mensen in diepe ellende. Ik voelde na de vergadering een brok in mijn keel. Ik kan het niet kwijtraken. Ik ging in de bus de trauma-meditatie doen.

Target-gevoel

Ik concentreer mij op het brok in mijn keel en wacht.

Beeld

Ik zie een beeld. Ik zie een klein Flipje (jonger dan drie jaar) helemaal overstuur en aan het huilen. Zijn lichaam is aan het trillen. Zijn moeder is erbij. Zij is woedend. Zij schreeuwt naar hem. Er is veel verbaal geweld. Flipje steekt zijn handjes in de lucht om zich tegen zijn moeder te beschermen. Zij pakt hem vast en schudt hem stevig. Tijd om in te grijpen. Ik pak Flipje in mijn deken, omarm hem en geef mijn liefde. Het werkt niet. De bedreiging die van zijn moeder komt is er nog steeds. Hij is bang dat zij hem doodslaat. Ik visualiseer tralies en zet mijn moeder daarachter. Ik zie hoe zij haar handen in woede door de tralies steekt. Zij probeert Flipje te pakken. Hij is doodsbang. Ik zet mijn moeder in een wit hemd met grote mouwen vast, zoals dat met psychiatrische patiënten gebeurt die overstuur zijn. De mouwen worden op haar borst vastgezet. Mijn moeder blijft tegenstribbelen. Het beeld van mijn moeder achter tralies in dat hemd helpt. Flipje begint zich bij mij te ontspannen. Langzaam komt hij bij en ik neem hem in mijn hart. Ik laat Flipje naar mijn trauma-paradijs glijden. Hij wordt daar opgevangen door zijn oma. Flipje is erg blij om haar te zien. Hij pakt haar jurk vast met zijn kleine handjes en wil haar niet loslaten. Langzaam went hij aan de omgeving, zijn aandacht wordt in beslag genomen door andere spelende Flipjes en kleine visjes in het water. Langzaam laat Flipje met een hand de jurk van zijn oma los om in het water te gaan spelen. Het komt goed met hem. Dat voel ik.

Terug naar het target-gevoel

Ik concentreer mij weer op het target-gevoel.

Beeld

Ik zie Flipje (jonger dan 4 jaar). Hij is in een rivier aan het spelen en is in diep water terechtgekomen. Hij is onder water. Het water komt in zijn keel en hij begin te slikken. Plotseling wordt hij uit het water gerukt. Hij moet erg hoesten. Er komt water uit zijn neus en mond.

Ik neem Flipje in mijn armen, zet hem op mijn schoot. Hij stikt bijna en moet veel hoesten. Ik probeer hem bij te staan, hem mijn liefde te geven. Flipje moet veel hoesten. Heel langzaam komt zijn ademhaling weer op gang en blijft alleen de smaak van het rivierwater in zijn mond en in zijn keel. Ik geef hem een sapje. Hij drinkt graag. Ik geef hem een banaantje. Die lust hij ook wel. Langzaam gaat zijn aandacht naar ondiep water waar kleine pas geboren visjes aan het zwemmen zijn. Hij zit nog steeds op mijn schoot. Flipje voelt zich beter. Ik breng hem naar mijn trauma-paradijs.

Terug naar het target-gevoel

Ik concentreer mij weer op het target-gevoel. Ik voel mij erg misselijk worden.

Beeld

Ik ben in de puberteit. Het komt uit mijn maag. Ik heb een glas met kerosine opgedronken. (Uitleg van de situatie: Dat moest van mijn moeder. Ik had last van mijn amandelen die vaak ontstoken waren waardoor ik regelmatig een griep of verkoudheid opliep. Mijn moeder had dan nooit zin om mij te verzorgen. Het was altijd mijn schuld dat ik verkouden werd en zij was dan chagrijnig en boos. Omdat mijn moeder ergens gehoord had dat kerosine zou helpen, was zij 100 procent ervan overtuigd dat het zou werken. Ik moest een glas met kerosine opdrinken. Ik wou dat niet. Na dagenlang mij verbaal te "bewerken" (kleineren, chanteren, pesten, zeggen dat ik geen echte man ben), heb ik het opgegeven en een glas met kerosine opgedronken. Eigenlijk kon het mij toen ook niet meer schelen of ik misschien dood zou gaan. Ik voelde mij apathisch en depressief. Wat daarna gebeurde is uit mijn geheugen gewist). Ik voel dat ik erg misselijk ben maar het komt er niet uit. Ik heb een afschuwelijke smaak van de kerosine in mijn keel en mijn mond. Die misselijkheid zit vast in mijn keel. Ik voel het koude zweet op mijn voorhoofd, onder mijn neus en op mijn rug komen. Ik voel me erg beroerd en zwak. Het zit allemaal vast. Ik kan niet overgeven.

NB Ik ben nog steeds in de bus, onderweg naar huis. Ik voel mij zo beroerd dat ik met mijn meditatie moet stoppen. Thuis ga ik daarmee verder.

Thuis. Ik ga verder met de meditatie. Ik concentreer mij op die misselijkheid. Binnen twee minuten spring ik op (uit de meditatiestoel) en ren naar de WC. Ik moet heel erg kotsen. Ik hang boven de wc-pot. Mijn maag krimpt, ik heb erge braakneigingen maar er komt niets uit. Ik voel me erg beroerd. Zo blijf ik een kwartier, de wc-pot omarmend, zitten te braken. Er komt niets uit. Ik voelde mijn maag binnenstebuiten gaan. Ik voel zijn wanden die samenkrimpen. Ik braak, ik braak en ik braak. Van het braken heb ik tranen in mijn ogen. Ik moet diep ademen. De drang tot het braken wordt minder. Ik geef weer aandacht aan mijn maag en weer moet ik erg braken. Ik ga opnieuw braken en weer diep ademen totdat de drang tot braken minder wordt. Na een half uur wordt het stil, ik zit nog steeds omarmd met mijn wc-pot, ik kijk naar binnen en zie mijn eigen afspiegeling in het water. Ik ben uitgeput en kletsnat van mijn eigen zweet. Ik ga even liggen, maar sta bijna gelijk weer op, ik wil verder met mijn meditatie. Ik wil erdoorheen.

Ik concentreer mij weer op mijn misselijkheid. Ik voel weer Filipp uit de meditatie in de bus. Hij heeft uitendelijk na veel lijden kunnen overgeven. Ik proef het brandende maagzuur in zijn mond en keel. Het is ook de smaak van het eigen braaksel. Ik proef nog die giftige smaak van kerosine, maar het is er nu uit. Ik ben erg uitgeput, ik ga liggen en val meteen in een diepe slaap.

Na twee uur word ik wakker. Ik voel mij nog steeds erg moe, het voelt alsof mijn maag dit allemaal twee uur geleden meegemaakt heeft. Ik voel mijn maag van binnen. Hij is nu leeg. Ik voel alleen nog de vieze nasmaak van de kerosine in mijn mond maar ik ben niet meer misselijk. Ik ben er doorheen!

3 en 4 september

Ik ben niet lekker. Ik heb last van mijn maag, van een beetje misselijkheid, heb absoluut geen energie en ben erg moe. Overdag slaap ik veel. Ik merk dat mijn maag onder spanning staat.

5 september

Ik voel me iets beter maar nog steeds niet echt lekker. Mijn geest is 'overloaded'. Ik droom erg veel waardoor ik onrustig slaap en niet goed uitrust. In mijn meditaties kan ik geen trauma's aan. Ik duw ze gewoon weg. Ik heb daar momenteel geen energie voor.

6 september

Ik begrijp dat ik mijn trauma's in stukjes uit mijn onderbewuste moet halen. Deze stukjes mogen niet groter zijn dan mijn innerlijke ruimte, de ruimte in mijn geest, van dat moment. Ik voel dat die nu overladen is. Rusten en ontspannen mediteren is het enige wat ik op dit moment kan doen.

Voorlopig geen trauma-meditaties.

7 september

Ik voel een brok van vastgelopen nare emoties in mijn zonnevlecht. Ik besluit dat in een trauma-meditatie te gaan behandelen.

Target-gevoel

Ik concerteer mij op de brok in mijn zonnevlecht. Ik voel dat mijn maag erg gespannen is.

Beeld

Ik zie mijzelf in een ziekenhuis. Philippe is 23 en heeft een vette burn-out. Philippe heeft een relatie. Zijn moeder is daar fel op tegen. Dat doet zij uiten door middel van haar chantages, manipulaties en verbaal geweld. Zij speelt constant met de gevoelens van Philippe. Zijn zenuwen, maag en hart kunnen dat niet meer trekken en hij belandt in een ziekenhuis. Philippe is net opgenomen. Hij ligt eerst op de intensive care vanwege zijn hart. Ze zijn zijn bloed aan het prikken. Hij voelt zich zo zwak, misselijk en beroerd dat hij zijn maag niet meer voelt. Het wordt heel licht in zijn hoofd. Philippe is op het randje van bewustzijn. Plotseling zie ik niets meer. Alles is zwart. Philippe is flauwgevallen. Hij ruikt een verschrikkelijke stank van iets (medicijn) wat ze voor zijn neus houden om hem tot bewustzijn te brengen. Het beeld komt langzaam terug. Hij voelt zich nog steeds verschrikkelijk beroerd.

Ik neem Philippe in mijn armen. Hij is zich nauwelijks van zichzelf bewust. Ik omarm hem en laat hem naar mijn trauma-paradijs glijden. Hij wordt daar door zijn oma liefdevol ontvangen. Zij legt hem op een bed aan de kust van het meer en verzorgt hem met al haar liefde. Zij geeft hem veel lekker eten, aandacht en liefde. Langzaam voelt hij zich beter worden.

Terug naar het target-gevoel

Ik concentreer mij weer op mijn zonnevlecht.

Beeld

Ik zie Philippe (20 jaar) in een ander ziekenhuis. Hij ligt bewusteloos op de grond. Hij opent zijn ogen en ziet de sifon van de afvoer. Hij was op weg naar het toilet en is plotseling zijn bewustzijn verloren. Hij ligt onder een wasbak in zijn kamer. Omdat hij daar alleen is, weet niemand hoe lang hij daar heeft gelegen. Hij kruipt op de vloer naar de deur en roept om hulp.

(Ik was met een fixe ontsteking van mijn amandelen opgenomen. Mijn amandelen waren zo groot geworden dat ik bijna niets kon eten. Omdat slikken enorm veel pijn deed kon ik alleen vloeibaar voedsel door mijn keel krijgen. Ik was alleen in mijn kamer. Een zuster is net geweest om een zeer pijnlijke injectie te geven. Ik heb mijn best gedaan om niet te gaan schreeuwen. Zij is weggegaan. Plotseling werd ik niet goed. Ik werd heel licht in mijn hoofd. Ik voelde alle energie uit mijn lichaam wegvloeien. Ik werd opeens heel zwak en voelde mij beroerd. Mijn maag draaide zich om en ik moest overgeven. Ik ging naar het toilet en daar verloor ik mijn bewustzijn).

Ik heb Philippe omarmd, en hem meteen naar het trauma-paradijs gebracht. Hij ligt in een bed naast het bed van die andere zieke Philippe. Mijn oma verzorgt ze met haar liefde.

Terug naar het target-gevoel

Ik concerteer mij op de brok in mijn zonnevlecht.

Beeld

Ik zie mijzelf in een opnamekamer van een ziekenhuis. Flipje is rond de acht jaar. De arts vraagt hem rechtop te gaan staan om naar zijn longen te luisteren. Hij voelt zich zeer zwak, misselijk en licht in zijn hoofd. Plotseling wordt het zwart voor zijn ogen. Hij verliest zijn bewustzijn en valt op de grond.

NB Ik was opgenomen met Hepatitis B na een aantal weken bijna niets te hebben gegeten. Ik heb een maand in een ziekenhuis doorgebracht.

Ik heb deze Flipje ook naar het trauma-paradijs gestuurd. Hij ligt in een bed naast het bed van die andere Filipje. Mijn oma verzorgt ze met haar liefde.

Nacontrole van mijn target-gevoel

Het is bijna weg. Het target-gevoel is nu onder 10 procent.

Middag: Na de meditatie. Af en toe krijg ik een opstijgend blij gevoel. Dit duurt slechts een paar ogenblikken maar het voelt heel erg fijn.

9 september

De laatste dagen kwam een hele reeks van herinneringen (veel!) uit mijn eerste levensjaren. Er zijn er een paar die mij een goed gevoel bezorgen. Andere zijn neutraal (geen trauma's).

Ik denk dat mijn laatste trauma-meditaties een stuk van de bevroren herinneringen uit de ijsberg hebben laten smelten.

3 oktober

Ik heb het vaak benauwd de laatste tijd. Ik heb mijn benauwdheid in een ziekenhuis laten onderzoeken. Na een MRI scan, röntgenfoto van mijn longen en andere onderzoeken kwam mijn arts tot de conclusie dat mij niets mankeerde en dat mijn benauwdheid psychische oorzaken had. In een van mijn laatste meditaties heb ik het plotseling heel erg benauwd gekregen. Ik stikte zo erg dat ik bijna flauw viel. Ik kreeg geen beeld of een ander idee waar het vandaan kon komen. Ik weet alleen dat mijn benauwdheid komt op momenten van een intense vermoeidheid. Ik vraag mij af waar mijn benauwdheid vandaan komt.

Target-gevoel

Ik concentreer mij op mijn gevoel van benauwdheid.

Beeld

Er komt een herinnering tot mijn bewustzijn. Filipp kan geen adem halen. Hij stikt van cementstof. (Toen ik dertien jaar was werkte ik in mijn schoolvakantie bij een beton & bouwbedrijf. Het bedrijft had bouwprojecten, produceerde beton en verschillende bouwmaterialen. Ik was werkzaam in de productie van bouwmaterialen en beton waar ik continue blootgesteld werd aan het cementstof. Ik werkte in een loods waar onverpakt cement bewaard werd. In de loods paste circa vier treinwagons van cement. De spleten tussen de deuren en kozijnen, zowel bij de ramen als bij de andere openingen van de loods waren afgeplakt zodat het cement niet naar buiten kon ontsnappen en het vocht niet naar binnen kon komen. Dit was gedaan om het cement te beschermen. Regelmatig kwamen tankwagens met cement langs. Ze hadden een grote slang die op een olifantenneus leek waarmee ze het cement via een klein rond gat in de deur binnen de loods pompten. Plafond, muren en deuren binnen de loods waren bedekt met een grijze laag van cement. Het cement was overal. Het cementstof hing in de lucht. Tonnen van cement lag op de vloer. Het leek op een grote grijze skibaan. Mijn taak was om via een kleine zijdeur naar binnen te gaan, twee grote metalen emmers met cement te vullen en die naar buiten te brengen waar ik de emmers overgooide in een grote bak van een oude vrachtwagen. Wanneer de bak vol was, werd hij naar een plaats gesleept waar beton gemaakt werd. Op die manier ben ik honderden keer per dag binnen de loods geweest om cement naar buiten te dragen. In mijn werk heb ik erg veel van dat cementstof ingeademd. Bij het scheppen van het cement in de loods en het lossen in de bak kwamen altijd wolken van cementstof in de lucht vrij. Die cementwolken kreeg ik in mijn gezicht. Aan het einde van mijn werkdagen waren mijn oogwimpers grijs en mijn gezicht bedekt met een laag van cementstof. Je kon met een vinger erop schrijven. Ik was elke avond mijn neus, die vol zat met cementstof, aan het snuiten. Gedurende mijn werk had ik geen mondkapje of een ander beschermingsmiddel. Zo heb ik maandenlang fulltime gewerkt. Geleidelijk kreeg ik last van ademhalen en hoesten. Ik kon op een gegeven moment geen adem meer halen. Ik opende mijn mond, probeerde een diepe teug adem te halen maar de lucht ging er niet in. Ik stikte zo erg dat ik er vaak paniekerig van werd. Ik had erg veel last van hoestbuien. Ik hoestte en hoestte en hoestte. Ik kon soms niet meer stoppen met hoesten. Het voelde alsof er iets in mij vastzat en niet naar buiten wilde komen. Een paar maanden na mijn ontslag heb ik een slijmerige bol uit mijn longen uitgehoest. Ik heb hem dichtgeknepen. Binnen de bol zat droog cement.

Gedurende mijn werk kreeg ik steeds meer last van erge oververmoeidheid en kortademigheid. Ik voelde mij totaal uitgeput en niet lekker maar ik ging door met mijn werk. Echte mannen klagen niet, zo was het mij geleerd.

In die tijd is mijn oververmoeidheid begonnen. Ik werd snel kortademig en moe, zelfs bij een kleine inspanning zoals traplopen. Op mijn school moest ik tijdens de sportlessen lichaamsoefeningen doen. Ik kon ze nauwelijks, of zelfs niet, uitvoeren omdat ik uitgeput en buiten adem was. Ik had daarom slechte cijfers voor de sportlessen. Mijn hart ging tekeer en ik werd vaak misselijk van vermoeidheid. Ik had dan ook last van duizeligheid. Ik werd vaak verkouden en kreeg regelmatig griep. Mijn weerstand was veel slechter geworden.)

Ik heb Filipp meegenomen naar mijn trauma-paradijs waar hij door zijn oma behandeld wordt.

23 oktober

Ik voel verdriet en een brok in mijn keel.

Target-gevoel

De brok in mijn keel. Ik concentreer mij daarop.

Beeld

Ik zie een klein Flipje. Er wordt bloed uit zijn vingertje geprikt. Het is zijn allereerste keer. Hij is tussen de drie en vijf jaar oud. Zijn moeder plaagt hem "Reva-

Koreva" (een huilend koe). Hij is overstuur, erg aan het huilen en schreeuwen. Zij troost hem niet en geeft hem geen liefde. Ik neem Flipje bij zijn handen en omarm hem. Ik geef hem liefde. Langzaam komt hij bij, stopt met huilen en begint te ontspannen. Ik stuur hem naar ons trauma-paradijs waar hij met liefde opgevangen wordt door zijn oma.

Terug naar het target-gevoel

Beeld

Ik zie Flipje. Hij is nog erg klein en heeft in zijn broek gepoept. Zijn moeder is woest, Flipje is erg aan het huilen. Zij schreeuwt tegen hem, leg hem op zijn buik, pakt aan het einde de pijpen van de broek en trek in een beweging met geweld zijn broek uit. Flipje wordt mee opgetild en landt weer op zijn buik. Hij schreeuwt en huilt. Het helpt hem niet. Zijn moeder negeert hem. Ik neem hem in mijn handen. Hij is helemaal overstuur. Hij trilt. Ik omarm hem en geef hem liefde. Ik stuur hem naar ons trauma-paradijs. Hij ziet zijn oma, rent snel naar haar toe en valt in haar armen. Hij pakt haar zo vast dat hij zelf nauwelijks kan ademen. Hij wil haar niet loslaten, nooit meer loslaten. Ik voel nu pas hoe erg hij haar heeft gemist! De andere Flipje van "Reva-Koreva" zit op haar andere been. Zij krijgen ieder een stuk van een watermeloen en willen niet van oma's knieën afkomen. Het komt goed nu. Ik voel het.

Terug naar het target-gevoel

Beeld

Ik zie Filipp. Hij is 16. Hij heeft veel verdriet en geestelijke pijn. Ik probeer hem te omarmen maar hij duwt mij weg. Hij is te oud om zo getroost te worden. Wat nu? Ik wil Filipp's verhalen horen. Ik vraag hem te gaan zitten. Langzaam begint hij te vertellen.

F: Zij begrijpt mij niet. Ik: Hoe komt dat? F: Door haar onweten. Zij luistert nooit. Zij wil ook niet luisteren. Zij negeert mijn behoeftes. Zij zegt: Je overleeft ook zonder en dat mijn gevoelens en problemen onzin zijn. Wanneer ik over mijn gevoelens met haar probeer te praten zegt zij: 'JE MOET GEEN ONZIN VERZINNEN!' Het doet mij veel pijn en geeft mij veel verdriet. Zachtjes begint hij te huilen..

Ik: Ik kan ervoor zorgen dat jij mee naar oma gaat. F: Ik kan haar (moeder) niet alleen laten. Ik voel me enorm verantwoordelijk voor haar. Ik: Voelt zij zich ook verantwoordelijk voor jou? P: Nee, niet voor mijn verdriet, pijn of geluk. Ik denk dat zij erg bang is dat ik een fout zal maken waardoor anderen schade kunnen oplopen. Dan komen ze de schade bij haar verhalen, daar is zij erg bang voor (dat iemand haar verantwoordelijk zou stellen voor mijn fout). Ik: Zal het je helpen als ik tegen je zeg dat moeder geestelijk ziek is? En dat het beter is om haar (een tijdje) alleen te laten? F: Ik ben bang dat zij zonder mij dood zal gaan. Ik heb dan niemand meer. Ik ben dan helemaal alleen op de wereld. Ik hou ook van haar. Ik wil het niet. Ik omarm hem en vraag hem mee te gaan naar oma. Met tegenzin gaat hij mee. Wij komen in het trauma-paradijs aan. Hij ziet oma, valt in haar armen en barst in een enorme huilbui uit. Alle zware enoties komen uit zijn buik. Zij omarmt hem, houdt zijn hoofd op haar schouder. Ik vraag haar; wat moeten wij nu doen? Hoe kunnen wij hem helpen? Zij geeft een teken: Stil. Zij zegt niets. Filipp is aan het huilen in haar armen. Het duurt lang. Hij voelt nu de liefde van zijn oma. Hij voelt hoe elke cel van zijn lichaam zich langzaam begint te ontspannen. Hij valt in een diepe slaap. Ik merk hoe mijn adem steeds langzamer en dieper wordt. Ik ben heel erg diep aan het slapen maar mijn bewustzijn blijft wakker. Ik weet ergens vanbinnen dat het de slaap van healing is. Ik blijf veertig minuten in deze toestand.

Nacontrole van mijn target-gevoel

De brok in mijn keel en mijn verdriet zijn nu weg.

28 oktober

Ik ben verdrietig en heb een kutgevoel. Ik voel dat ik daardoor negatieve gedachten krijg en mij daardoor depri begin te voelen.

Target-gevoel

Mijn kutgevoel bevindt zich ergens in mijn keel

Beeld

Ik zie een beeld. Een klein Flipje is aan het huilen. Hij is erg overstuur. Zijn moeder wil hem niet troosten. Zij negeert hem gewoon. Negeren is haar geliefde techniek uit haar "opvoedings-toolbox". Ik omarm hem met liefde en stuur hem naar ons trauma-paradijs. Hij wordt daar liefdevol opgevangen door zijn oma.

Terug naar het target-gevoel

Ik zie Flipje (7 á 8 jaar). Hij is gevallen. Flipje heeft een kapotte knie maar hij huilt niet. Ik omarm hem liefdevol en stuur hem naar ons trauma-paradijs. Hij wordt goed opgevangen door oma. Zij geeft hem liefde en troost hem.

Terug naar het target-gevoel

Beeld

Ik zie Philippe. Hij woont al tien jaar in Nederland. Hij is erg verdrietig, gefrustreerd in het leven. Hij huilt. Hij voelt zich alleen. Philippe is weggepest uit zijn eigen ouderlijk huis in Rusland waar hij zich erg onveilig voelde. Hij voelt zich een vluchteling die van zijn moeder is gevlucht uit zijn moederland vandaan. Hij doet zijn best om hier in Nederland zijn thuis te maken en probeert nog iets van zijn leven te maken. Hij helpt anderen via zijn stichting. Dat geeft hem een gevoel dat zijn leven niet helemaal zinloos is geweest maar dat het hem nog iets nuttigs heeft opgeleverd. Hij doet zijn uiterste best. Maar dat allemaal kost hem veel energie en die moet hij eigenlijk voor zichzelf houden. Hij heeft geen contact meer met zijn gevoel. Hij leeft gestrest in zijn constant piekerende hoofd. Hij is uitgeput en huilt.

Ik omarm hem, luister goed naar hem, heb mededogen met hem. Ik geef hem mijn liefde. Ik zeg dat hij niet alleen ervoor staat. Hij heeft MIJ!

Ik ga hem beschermen, ik laat hem door NIEMAND iets aandoen! Ik ga voor hem zorgen! Ik heb Philippe in mijn hart genomen. Hij is nu veilig.

Nacontrole van mijn target-gevoel

Mijn verdriet en kutgevoel zijn onder 10 procent gezakt.

4 november

Ik heb een nieuw model bedacht. Het is een piramide. De piramide is een hiërarchische ordening van psychologische factoren die een belangrijke rol spelen bij rondkomen. Ik heb het model op het internet gezet om andere mensen daarover hun mening te vragen.

Er komen steeds reacties van mensen die zichzelf deskundigen noemen. Ik zie dat ze helemaal geen deskundigen zijn. Ze kunnen de inhoud totaal niet van de vorm onderscheiden. De reacties roepen in mij een bepaald gevoel van opstandigheid en boosheid op. Dit is een mooie aangelegenheid om een trauma-meditatie te doen.

Target-gevoel

Mijn gevoel van opstandigheid en boosheid. Ik concentreer mij op het target-gevoel.

Beeld

Er komt meteen een beeld. Flipje wordt door zijn moeder geslagen. Zij doet hem pijn.

Zijn moeder doet het met schreeuwen en met veel toewijding (kwaadaardige overgave). Daardoor wordt deze ervaring zeer pijnlijk, voornamelijk geestelijk.

Ik grijp in. Ik zet de moeder achter een glazen wand. Zij valt woedend de wand aan. Zij is erg agressief. Flipje is erg bang. Ik zet haar handen met handboeien vast aan de muur achter haar. Zij heeft een woedeaanval.

In neem Flipje in mijn armen. Ik geef hem liefde. Ik voel dat het niet helpt. Hij is aan het trillen van paniek en angst. Zijn geest van angst is ergens ver weg. Langzaam komt hij terug in zijn lichaam. Hij begint zich te ontspannen en mijn liefde te accepteren. Wanneer hij bijgekomen is, stuur ik hem naar het trauma-paradijs waar hij liefdevol opgevangen wordt door zijn oma. Hij is dolgelukkig om bij haar in veiligheid te zijn.

Terug naar het target-gevoel

Het target-gevoel is minder aan het worden.

Beeld

Ik zie weer een groep jongeren die Filipp op school pesten. Het is weer een jongen die Filipp kleineert en intimideert. Hij doet wat hij wil. Die jongen is twee jaar ouder maar een hoofd kleiner dan Filipp. Hij wordt gesteund door een stuk of acht van zijn vriendjes die van de show genieten en klaarstaan om op elk moment hun vriend te hulp te kunnen schieten. Hij geniet van zijn macht. Twee van deze jongeren kent Filipp wel. Dat zijn zijn voormalige buurjongens van de tijd toen hij nog op zijn oude adres woonde. Eén van hen zegt dat ze niet voor Filipp zullen opkomen maar voor hun "vriendje" omdat Filipp niet meer in hun buurt woont en dus niet meer erbij hoort. Vertrouwde vrienden uit zijn kindertijd blijken plotseling geen vrienden meer te zijn. Zij lachen mee en nemen hun nieuwe vriendje in bescherming. Filipp voelt zich verraden. Dit geeft hem veel verdriet. De situatie is hopeloos. Filipp zal nooit in zijn eentje de groep aankunnen. Hij voelt schaamte en machteloosheid, want er zijn veel "toekijkers" waarvan ook meisjes en jongens uit zijn eigen groep.

Ik grijp in. Ik trek een muur op tussen hen en Filipp. Filipp wil deze keer dat ik alleen de groep op 'afstand' houd. Ik trek een glazen muur om Filipp en die jongen heen zodat er een ring ontstaat. Zijn vriendjes kunnen er niet bij. Deze keer hoeft Filipp geen hulpmiddelen, zoals bokshandschoenen, te hebben. Er valt niets te vechten. Die jongen wordt heel erg bang. Hij reageert zelfs bangelijk op elke kleine beweging van Filipp. Zijn vriendjes lachen hem uit. Filipp voelt weer de kracht om zichzelf te beschermen maar het verdriet blijft. Het is een verdriet die ontstaan is doordat hij veel vertrouwen in die twee ex-buurtjongens had.

Ik weet niet hoe ik dat verdriet moet aanpakken. Ik vraag Filip wat hij wil. "Laat mij direct in hun ogen kijken". Dat laat ik hem doen. Die twee stoppen met lachen om hun vriendje, zij voelen schaamte, zij proberen hun ogen te verbergen. Filipp kijkt in hun ogen en realiseert zich dat zij nooit echte vrienden van hem zijn geweest. Het zijn slechts "meelopers". Hij voelt weer verdriet. "Ik heb geen vrienden", zegt Filipp tegen mij. Ik zeg dat hij wel vrienden gehad heeft. Wij gaan samen naar zijn oude buurt. Filipp zoekt zijn echte vrienden. Hij realiseert zich dat velen van hen geen echte vrienden zijn. Een echte vriend zou hem beschermen. En daar was zo'n iemand die Philippe altijd tegen anderen in bescherming nam! Zijn naam is Dima (Dimitry). Soms vocht hij zelfs voor Filipp, toen hij nog erg klein was. Dima was ook een kind van Flipjes leeftijd. Dima's vader was een alcoholist. Hij was vaak dronken en sloeg de moeder van Dima. Filipp begrijpt nu dat Dima zijn echte vriend was. Nu voelt hij verdriet als hij denkt aan Dima's gezinsomstandigheden.

Ik weet niet direct wat ik daarmee moet. Ik voel dat in mijn trauma-meditatie een nieuwe laag van emoties boven water is gekomen. Dat zijn emoties achter emoties. De ijsberg is aan het smelten. Ik besluit om mijn verdriet voor Dima's gezinsomstandigheden als mijn target-gevoel te nemen. Ik ga door met mijn trauma-meditatie en concentreer mij op dit verdriet. Ik zie een beeld. Flipje is erg klein. Hij ziet voor het eerst een lijk. Het is een bekende oude buurvrouw die altijd lief voor Flipje is geweest, hem snoep en koekjes gaf etcetera. Flipje is bang. Hij wil niet doodgaan omdat hij bang is om daarna alleen te zijn. Ik neem hem in mijn hart en zeg dat wij altijd samen zullen blijven. Daarna breng ik hem naar mijn trauma-paradijs.

Terug naar het target-gevoel

Het target-gevoel is van 8 naar 3 gegaan. De boosheid is weg. Het is nu meer een gevoel van verdriet geworden.

Beeld

Ik zie Flipje. Hij ligt in zijn bed en kan niet slapen. Gespannen, druk in zijn hoofd, zorgen aan het maken. Hij kijkt naar het tapijt aan de muur. Hij komt er niet uit met zijn gevoelens en gedachten. Ik neem hem in mijn armen, geef mijn liefde. Hij ontspant zich. Ik stuur hem naar mijn trauma-paradijs.

Nacontrole van mijn target-gevoel

Het target-gevoel is onder 10 procent gezakt.

15 november

Ik ben onrustig de laatste tijd. Het is een gevoel. Ik heb haast. Ik kan geen tijd meer verliezen en ik heb geen idee waar dat gevoel vandaan komt. Misschien heeft dit te maken met faalangst? Ben ik bang om te falen? Maar dan moet ik een doel hebben, een verwachting of een wens om in dit leven iets te realiseren. Als ik die niet heb, kan ik ook niet falen. Of is dit een innerlijke wedstrijd met mijn traumatische jeugd en mijn moeder? Zie je wel, moeder, ik heb jouw "opvoeding" overleefd en heb iets van mijn leven gemaakt!?

Nee, het zit dieper, het gevoel komt ergens uit het midden van mijn borst. Daar komt die onrust vandaan. Het is de liefde die naar 'buiten' wil. Wat het is en hoe de liefde deze onrust kan veroorzaken begrijp ik niet. Heeft die liefde haast? Haast voor wat? Ik denk dat ik het snap. Ik wil mij op het belangrijkste in mijn leven concentreren en de kortste weg daar naartoe nemen. De kortste weg naar het belangrijkste in mijn leven loopt door het binnenste van mijzelf. Minder belangrijke zaken leiden mij af zoals bijvoorbeeld internet, computer, lezen over onbelangrijke dingen. Mijn aandacht wordt constant afgeleid (de meeste tijd door mijn eigen gedachten). Ik ben in constante strijd met mijn afleiders. Dat geeft mij onrust.

Mind

Ben ik in dienst van mijn mind of is het andersom? Ik word constant meegesleept met de stroom van gedachten. Mijn mind is niet meer dan een stuk gereedschap. Het is een vork, een mes, een schepje dat ik wil gebruiken wanneer ík dat wil. Niet andersom! Helaas lukt het niet om mijn rusteloze mind te controleren. Hij lijkt op een wild paard dat zich niet laat berijden. Nooit. Liever dood dan onder de hoede van een meester leven. Dat is mijn mind. De truc is om niet te gaan proberen dat wilde paard te berijden maar in haar eigen natuur vrij te laten en vrij te laten zijn. Ik ben niet mijn mind. Hij is niet mijn meester. Ik wil zijn mentale verzinselen niet uitvoeren. Het moet andersom! Ik wil dat wilde beest van buitenaf bekijken. De rol van toeschouwer is een goede truck om niet de slaaf van je eigen mind te laten zijn. Ik snap mijn mind wel. Hij wordt constant geprikkeld en uitgedaagd. Het is zijn natuur om constant te reflecteren, systematiseren en proberen te redeneren.

Per dag vliegen zestigduizend gedachten alle kanten uit, veel van mijn energie verbruikend. De mind leeft zijn eigen leven en sleept mij met zich mee. Wie is hier de baas? Ik niet. Kunnen wij naast elkaar leven zonder elkaar in de weg te staan?

Denken is soms heerlijk. Wanneer het doelgericht is en het een doel heeft dat vanuit de liefde geboren wordt. Het stroomt. Het zit in de flow. Het is de flow. Ik ben dan opgewonden en voor honderd procent geconcentreerd op mijn doel. Mijn mind krijgt dan alle aandacht van zijn baasje. Hij mag mijn creativiteit een vorm geven. Hij is blij zoals een hondje dat tegelijkertijd een stukje kip en de liefde van zijn baasje krijgt. Daar lust hij wel pap van.

In de tussentijd vliegt dat beest op alle prikkels af. Creeert zijn wereld, mentale torens die men "logica" noemt en soms kijkt hij bij zijn baasje naar binnen. Hij neemt nooit een kijkje in zichzelf. Zijn aandacht is altijd naar buiten gericht. Hij zoekt constant naar iets om te kauwen. Hij kauwt dat totdat hij iets ziet dat nog lekkerder is. Dan spuugt hij de oude hap uit en neemt het nieuwe hapje. Slechts af en toe kom ik in zijn leven voor. Vermoeiend...

28 november

Mijn twee teckels Morris en Florris heb ik gekregen toen ze drie en vier jaar waren. Hun ex-eigenaresse werd ziek en moest ze weg doen. Een jaar later krijg ik een bericht van haar dat zij mijn hondjes zou willen komen bezoeken. Ik krijg meteen een cocktail van emoties. Ik voel angst. Het is alsof iemand oneindige macht over mij heeft waar hij/zij misbruik van wil maken.

Target-gevoel

De cocktail zit in mijn buik, net onder de zonnevlecht. Ik concentreer mij daarop.

Beeld

Ik zie Flipje, jonger dan vijf jaar. Hij is op straat met zijn moeder. Mama is kwaad. Flipje is overstuur en aan het huilen. Mama schudt hem en trekt hem hard aan zijn hand. (Ik voel een enorme pijn onder mijn rechteroksel, de spierbanden zijn uitgetrokken). Door die pijn en haar geschreeuw loopt Flipje in hysterie, keihard en overstuur schreeuwend over straat. Zo hard dat mensen vijftig meter verderop stoppen om te kijken wat er aan de hand is. Iedereen kijkt naar ons. Mama stopt met schudden en schelden. Zij wil deze aandacht niet. Flipje heeft op straat te veel aandacht getrokken waardoor MAMA nog bozer wordt. Kokend van woede sleept zij

Flipje van de straat om haar woede (ongestoord) elders een "vorm" te geven. Zij zijn van de straat en Flipje wordt geslagen. Ik voel een enorme klap tegen mijn hoofd. Flipje is in schok. Het is afschuwelijk wat ik nu voel. Hij schreeuwt MAMA, MAMA, hij begrijpt er niets van. Voor hem is het alsof iemand anders hem dit aandoet. Hij verliest contact met de realiteit. Hij schreeuwt om MAMA's hulp, bescherming en liefde.
Hij houdt van ZIJN mama. Waar is zij nu?

Flipje verliest contact met de realiteit en met zichzelf. Hij is in shock en schreeuwt als een dier uit de diepte van zijn buik. Ik voel een geestelijke invalide in hem. Ik grijp in. Ik bind de handen van de moeder aan de muur vast. Zij blijft haar haat en woede als vuur uitspugen. Zij wil HET (Flipje) afmaken. Ik trek een glazen muur om haar heen.

Ik neem het lichaam van Flipje in mijn handen. Anders kun je hem nu ook niet noemen. Het is een lichaam. Zijn bewustzijn is nu weg. Liefde, of een banaantje of een lekker sapje geven werken nu niet. Er zit een zwaar trauma in hem. Zijn lichaam is in shock. Het is gespannen als een gitaarsnaar. Daarnaast zit in hem een cocktail van enorme geestelijke pijn, verdriet en zijn schreeuwende/smekende liefde naar zijn moeder. Het beeld van zijn woedende moeder achter de glazen wand laat hem niet tot rust komen. Hij is nog steeds bang voor haar. Ik laat een ambulance komen. Een paar grote stevige ambulancebroeders grijpen haar vast en geven haar een spuitje met een kalmeermiddel. Haar woede zakt en zij wordt slaperig. De broeders nemen haar mee. Dit helpt. Flipje wordt rustiger. Langzaam begint hij uit zijn shock te komen. Hij voelt zijn snel kloppend hartje en ademhaling. Ik geef hem liefde en neem hem naar ons trauma-paradijs. Daar wordt hij liefdevol opgevangen door zijn oma. Hij is erg blij om haar te zien. Zij omarmt hem, geeft hem een kus en geeft hem liefde. Hij begint zich te ontspannen en valt uiteindelijk in diepe slaap. Ik voel dat ik ook heel erg moe ben en veel moeite heb om wakker te blijven. Ik ga op de bank liggen en val in een diepe slaap. Na twee uur word ik wakker. Het target-gevoel is nu weg. Ik voel mij opgelucht.

2 december

Ik heb een onrustig gevoel. Dit gevoel laat mij niet in rust ziek zijn, laat mij niet uitrusten terwijl ik dat nodig heb. (Ik ben moe, heb hoofdpijn, pijn in mijn ogen etcetera).

Target-gevoel

Ik concentreer mij op dat onrustig gevoel.

Beeld

Ik zie een klein Flipje, niet ouder dan de vijf jaar. Hij heeft net een enorme klap op zijn hoofd van zijn moeder gekregen. Zij was weer eens niet in een goede stemming.

De fysieke pijn is zo groot dat Flipje als een dier begint te schreeuwen. Mijn moeder wordt nog kwader. Dat schreeuwen mag niet. (Stel je voor dat onze buren Flipje horen! Wat zullen ze over haar denken!). In plaats van mij te troosten, voert zij alleen haar mentale agressie op. NIET SCHREEUWEN!!! Dat zegt ze met zo'n angstaanjagende toon dat Flipje bang is dat zij hem echt iets aan zou doen. Daarbij trekt zij stevig zijn arm naar zich toe om haar woorden "goed" te laten doordringen. Flipje wordt zo bang dat hij alle moeite doet om niet die pijn in zijn hoofd te voelen en vooral niet zo hard te gaan schreeuwen. Hij voelt in haar gehele houding zoveel haat, kokende woede en agressie dat hij van buiten naar binnen wilt krimpen, hij trilt en begint als een wolf met korte pauzes achter elkaar te huilen. Daarbij probeert Flipje zoveel mogelijk zijn huilen te dempen waardoor zijn huil op die van een wolf lijkt. (Ik kan moeilijk omschrijven wat dit allemaal met mijn lichaam doet. Ik voel elke millimeter van de oppervlakte van mijn huid, wachtend op de volgende slag. Haar woorden waren met zoveel haat, woede en agressie uitgespuugd dat ik ze vanbinnen kon voelen. Mijn lichaam schrok van elk woord. Mijn lichaam was één grote zenuw geworden. Ik laat het beeld even op zijn beloop om te kijken wat er moet gebeuren).

Ik grijp in. Mijn moeder wordt als een kip in een vacuüm plastic ingepakt. Je kunt haar in het gekreukte plastic zien. Nu lijkt zij op een verpakte kip in de supermarkt. Ik neem voorzichtig Flipje bij zijn handen. Gelukkig kan ik contact met hem krijgen. Hij ligt nu in mijn armen, ik geef hem veel liefde. Ik voel dat hij rustiger begint te worden. Zijn emoties gaan langzaam liggen. Zijn hoofd doet nu duidelijk pijn wat net nog, op de achtergrond van emoties, niet zo voelbaar was. Ik vraag hem of hij naar oma wil. Hij knikt. Ik houd hem voorzichtig in mijn handen en wij gaan naar ons trauma-paradijs. Daar wordt hij opgewacht door zijn oma. Zij neemt hem in haar liefdevolle armen. Later stopt zij hem in een bed. Hij slaapt niet, hij is onrustig. Oma fluistert hem iets zijn oortje. Ik zie een glimlach op zijn gezichtje. Hij voelt zich veilig en valt langzaam in slaap.

Terug naar het target-gevoel

Beeld

Flipje, niet ouder dan tien jaar. Hij is ziek, heeft hoge koorts. Hij ligt in zijn bed. Uit de keuken komen harde geluiden van pannen en andere voorwerpen waarmee de moeder aan het smijten is. Zij is weer woedend en aan het schreeuwen omdat Flipje ziek is. Flipjes lichaam schrikt van elk woord, elk geluid van de pannen. Het gaat over hem en zijn ziekte. Hij is gespannen en zeer onrustig. Hij wil opstaan en niet meer ziek zijn zodat zijn moeder niet meer boos is. Hij laat zichzelf niet ziek zijn. Dat mag niet, anders wordt mama weer boos.

Ik scheid Flipje van zijn moeder en breng hem in veiligheid. Ik geef hem mijn liefde en breng hem naar onze trauma-paradijs. Hij voelt zich daar veilig en begint langzaam bij te komen. Zijn oma zal veel liefde geven en hem goed verzorgen.

Terug naar het target-gevoel

Beeld

Er is nog een soortgelijk voorval. Ik werk dat ook af waarna ik veel rust en warmte in mijn borst voel. Ik voel dat ik in een diepe slaap aan het vallen ben.. Ik ga op de bank liggen. De rest van de middag breng ik in slaap door.

24 december Mindfulness meditatie

Een mindfulness meditatie. Ik heb in de meditatie het gezicht van mijn moeder gezien. Voor de eerste keer kon ik mijn liefde voor haar voelen zonder dat het enorme geestelijke pijn deed. Dit is een zeer goed teken in het vooruitgaan van mijn traumaverwerking! Ik zei tegen haar dat ik veel van haar houd, ondanks alles wat zij gedaan heeft. Zij zal nooit in dit leven te weten komen wat zij allemaal bij mij aangericht heeft (trauma's). Zij zit opgesloten in haar eigen wereldje waar zij nooit uit zal komen. Ik stuurde haar mijn liefde. Zij zal nooit haar wereldje verlaten waar zij constant aan het lijden is.

7 januari

Een paar weken geleden ben ik met mijn honden door een grote hond van de buren aangevallen. De grote hond was niet aangelijnd. Gelukkig is het goed afgelopen. Hij heeft geen van mijn honden te pakken gekregen. Gisteravond zag ik die hond weer. Hij was weer niet aangelijnd. Ik werd bang, ik voelde mij machteloos. Ik kan geen bescherming aan mijn hondjes bieden. Ik voelde mij niet veilig. Ik kon niet in slaap vallen, ik lag tot één uur te piekeren. Ik voelde mijn lichaam gevuld met stress. Ik ben opgestaan en heb een bief naar de buren geschreven:

Beste buren,

Ik ben jullie buurman, de eigenaar van de twee teckels. Een paar weken geleden heeft uw hond mijn honden aangevallen. De aanval kon ik niet voorkomen omdat ik uw hond niet gezien had, uw hond niet aangelijnd was en ons van achteren onverwachts op mijn trap aanviel. De aanval heeft een enorme schrik bij mij en mijn honden veroorzaakt. Een van mijn honden is sindsdien bang voor andere grote honden.

Dit is niet het eerste voorval. De eerste keer was uw hond van de zomer niet aangelijnd op het grasveld om de hoek van ons gebouw. Gelukkig is het toen goed afgelopen.

Slechts één beet van een grote hond kan de dood van een kleine hond betekenen. In het verleden heb ik een klein hondje gehad. Die werd aangevallen door een grote hond. Zij greep haar in het midden als een speelgoedje in haar bek. De aanval duurde een paar seconden. Mijn menselijke reactie was te traag om dat te kunnen voorkomen. Een afschuwelijke ervaring was dat. Mijn hond had de gaten van de tanden in haar buik en haar zij. Je kon haar inwendige organen van buiten zien. Onze dierenarts zei dat ik van groot geluk mocht spreken dat haar inwendige organen niet geraakt waren, anders was zij aan interne bloedingen overleden. Als die hond ietsje harder had doorgebeten en de gaten een paar millimeter dieper waren geweest dan was het afgelopen geweest met mijn hond.

Ik zie dat uw hond niet aangelijnd uitgelaten wordt. Ik voel mij daarbij niet veilig buiten en ik kan dan geen bescherming aan mijn honden bieden. Ik verzoek u vriendelijk uw hond buiten aangelijnd uit te laten. Dit is trouwens ook onze gemeentelijke plicht als hondenbezitters.

Ik hoop op uw begrip en uw verantwoordelijkheid te mogen rekenen.

Met vriendelijk groet,

Philippe

Nu voel ik een cocktail van gevoelens, angst, machteloosheid, onveiligheid, onrust. Ik ga in meditatie.

Target-gevoel

Ik concentreer mij op deze cocktail.

Beeld

Ik zie meteen mijn andere hond Bars, die allang dood is. Ik voel mij schuldig en ik heb veel verdriet. Bars is een grote hond. Hij is nog jong, slechts negen maanden. Mijn moeder heeft genoeg van hem en dwingt mij hem weg te doen. Ik hou van hem. Ik kan geen afscheid van Bars nemen. Ik stel voor om hem te laten wonen in onze oude garage die een paar wijken verderop ligt. Het maakt haar niet uit, als "dat beest" maar weg is uit

HAAR huis. Hij zit daar de hele dag opgesloten. Ik breng hem één keer per dag eten en laat hem uit. Er zijn geen dierenasielen in Rusland (toen). Veel honden lijden honger tijdens het straatleven en worden uitendelijk afgeschoten door de gemeentelijke dienst ongediertebestrijding. Op een dag vond ik hem dood in de garage. Misschien was hij vergiftigt zoals dat vaak gebeurt wanneer een blaffende hond iemand stoort. Dat zal ik nooit weten. Ik voel mij enorm schuldig over zijn dood. Ik vraag mij nu af of ik zijn dood had kunnen voorkomen. Ik heb veel verdriet om hem. Ik zie hem zo voor mij liggen, in het donker. Zijn lichaam is stijf bevroren. Het is een afschuwelijke ervaring. Ik wil schreeuwen van verdriet en pijn. Ik heb nooit geprobeerd om voor hem een ander baasje te vinden, hoe moeilijk het ook was in die arme tijd van toen. Ik voel mij enorm schuldig. Ik zou willen dat ik dat in mijn verleden kan veranderen. Ik zou daarvoor graag tien jaar van mijn leven willen geven. Ik hou van hem. Nog steeds. Ik zit dit nu te typen en ik begin te huilen. God, waarom was ik, een kind van dertien, zo gehecht aan dat beest en kon ik hem niet loslaten, heb ik niet geprobeerd om een ander baasje te zoeken? Ik weet dat zijn ziel niet dood is gegaan en wij ooit samen zullen zijn. Het is wel zo dat in mijn leven bijna geen mensen (met uitzondering van mijn vriendin Yvonne en mijn oma), van mij hebben gehouden. Ik denk dat mijn moeder van mij ook van mij houdt, alleen de uiting van haar liefde heeft een gewelddadige vorm (mishandeling) gekregen. Mijn liefde kon ik alleen maar met dieren delen. Daarom betekent een hond veel meer voor mij dan alleen maar een gezelschapsbeest op vier poten.

Ik grijp in. Ik zit in het donker in de garage voor het lichaam van mijn hond. Ik laat veel wit licht in de garage komen. Veel wit licht. Ik ga in de garage zitten en mediteren.

Tijdens het typen van deze trauma-meditatie gebeurt er iets met mij. Ik stop met typen. Ik barst in tranen uit. Er komt veel verdriet naar boven. Na een kwartier ga ik verder met typen.

Ik neem Bars in mijn hart. Hij zal voor altijd in mijn hart blijven leven. Ik zal altijd van hem blijven houden. Hij zal voor mij voor altijd levend blijven. Hij is mijn lieve zielsmaatje. Ik neem hem mee naar mijn traumaparadijs. Hij is weer in leven. Mijn lieve Bars. Hij rent het water in en begin te spelen met alle Flipjes. Zij gooien een bal waar hij graag achteraan rent. De Flipjes rennen op hun beurt hem achterna. Het is een gezellige drukke warboel van gespetter, rennen, lachen en vreugde. Mijn andere hondje, die allang dood is, is er ook. De honden rennen achter elkaar aan. Helemaal gek van geluk en vreugde. Ik ga naar hen toe. Iedereen rent naar mij. Ik voel veel liefde, het is zoals bij het thuiskomen. Wij spelen en lachen. Ik geef lekkere kippenpoten aan mijn honden. Flipjes krijgen ook lekkere dingen. Ook oma is erbij. Iedereen is druk aan het eten, want niemand wil tijd verliezen. De tijd om te spelen! Iedereen wil weer gaan rennen, met water spetteren, bal gooien, spelen en lachen. Na de lunch worden talloze boertjes en scheetjes gelaten en de gezellige warboel begint opnieuw. Zij zullen allemaal voor mij blijven leven. Dit is de plaats waar ik altijd naartoe kan keren, waar iedereen gelukkig is en van elkaar houdt.

17 januari

Een paar weken geleden heb ik een ziekenuitkering aangevraagd. Vandaag heb ik een gesprek met een verzekeringsarts over de keuring gehad. Toevallig is mijn moeder vandaag jarig.

In afwachting van dit keuringsgesprek heb ik afgelopen dagen enorm veel stress gehad. Ik was zo moe en gestrest dat ik niet kon mediteren. Na een week van stress en gepieker merk ik nu dat mijn blije gevoel in mijn borst verdwenen is. Ik voel weer niets. Ik zit weer in mijn hoofd en ben helemaal uitgeput. Ik realiseer mij opeens dat ik in deze moeilijke tijd toch geestelijk niet kapot gegaan ben. Ik heb geen zware belastende emoties, die mij vroeger erg benauwde en depri maakten. Ik realiseer mij dat ik door mijn trauma-meditaties uit de gevangenis van zware emoties ontsnapt ben. Daar ben ik heel erg blij mee.

31 januari

Ik voel vastgelopen verdriet in mijn keel.

Target-gevoel

Ik concentreer mij op het gevoel in mijn keel.

Beeld

Ik zie een beeld. Flipje, niet ouder dan vijf jaar, is thuis. Helemaal alleen. Hij is erg bang en aan het huilen. Ik neem hem in mijn armen, geef mijn liefde. Hij wordt rustig. Ik neem hem mee naar ons trauma-paradijs.

Terug naar het target-gevoel

Beeld

Flipje is op vakantie bij zijn oma in de stad, waar zij woont. De stad ligt aan de Kaspische zee. Hij voelt zich veilig, geliefd en ontspannen bij zijn oma. Hij is gelukkig bij haar. Nu is hij helemaal overstuur, aan het huilen en stressen omdat hij terug naar zijn moeder moet. Ik grijp in. Ik neem hem in mijn armen en geef hem mijn liefde. Daarna neem ik hem mee naar ons trauma-paradijs waar hij voor altijd gelukkig met zijn oma kan zijn. Hij drukt zich met zijn hoofd in haar buik zodat hij niets meer kan zien. Hij ruikt de vertrouwde geur van zijn lieve oma. Zij omarmt hem. Hij voelt zich veilig en gelukkig bij haar.

Terug naar het target-gevoel

Beeld

Flipje, niet ouder dan drie jaar, is erg aan het huilen. Hij huilt al zo lang dat hij geen tranen meer heeft. Niemand troost hem. Ik neem hem in mijn handen, geef mijn liefde. Hij wordt rustig. Ik neem hem mee naar het trauma-paradijs.

Terug naar het target-gevoel

Beeld

Flipje, niet ouder dan drie jaar, heeft in zijn broek gepoept. Hij is helemaal gespannen en bang om weer geslagen te worden. Ik neem hem mee naar zijn oma in het trauma-paradijs, waar zijn kont met veel liefde gewassen wordt. Hij is ontspannen nu. (Mijn moeder vertelde mij ooit dat ik in de kinderdagopvang in de groep met andere kinderen opgenomen was. Omdat ik groter was dan mijn leeftijdsgenoten hebben zij mij in de groep gestopt waar oudere kinderen zaten. Die waren één á twee jaar ouder dan ik was en waren al in staat om niet in hun broekjes te poepen. Omdat ik dat nog niet kon, deed ik het nog regelmatig in mijn broek waardoor ik door de opvoedster geslagen werd. Mijn moeder vertelde dat, wanneer ik de opvoedster zag ik mij achter mijn moeder verstopte en erg ging huilen. Mijn moeder heeft toen met die opvoedster gesproken. Zij wist niet dat ik veel jonger was en was erg verbaasd dat ik in haar groep zat. Sinds dat gesprek heeft zij Flipje nooit meer geslagen.)

1 februari

Ik ben in onderhandeling met iemand. Die iemand is erg onzeker. Hij zegt eerst, dat hij over mijn voorstel wil nadenken, dan zegt hij weer nee tegen mijn voorstel en dan weer ja en dan wil hij toch weer nadenken. Het irriteert mij erg! Maar wat nog erger is dat het mij vooral kwaad maakt! Daar wil ik graag de reden van weten. Want met dit gevoel rondlopen is geen leven.

Target-gevoel

Het gevoel van boosheid. Ik concentreer mij daarop.

Beeld

Flipje is erg bang en stijf van de zenuwen. Zijn moeder is superkwaad en zegt: JIJ IRRITEERT WÉÉR JE MOEDER! IK GEEF JE ZO'N KLAP OP JE KOP DAT JE KOP ALS EEN BAL ERAF VLIEGT EN JE NOOIT MEER ZULT KUNNEN OPSTAAN! ZELFS ALS IK DAARDOOR IN EEN GEVANGENIS ZAL KOMEN, ZAL IK ER TOCH GEEN SPIJT VAN KRIJGEN! Flipje is erg bang dat zijn moeder hem dood zal slaan. Hij is ook erg verdrietig. Hij begrijpt het niet. Ik grijp in. Zoals in vele andere meditaties handel ik dit trauma op dezelfde manier af.

Terug naar het target-gevoel

Beeld

Flipje wordt geslagen door zijn moeder. Weer met verbaal geweld. Zoals in vele andere meditaties handel ik dit op dezelfde manier af.

Terug naar het target-gevoel

Beeld

Flipje is alleen en erg bang. Hij staat voor een bos en is bang om naar binnen te gaan. Zoals in vele andere meditaties handel ik dit op dezelfde manier af.

Terug naar het target-gevoel

Beeld

Ik vraag mij af waarom ik mijn boosheid voel? Ik voel nu het antwoord. Ik zie in die persoon mijn moeder. Het is net alsof die persoon het gezicht van mijn moeder heeft. Beiden zijn erg bezig met hun eigen IK, terwijl ze vanbinnen erg bang en onzeker zijn. Ik voel hetzelfde enorme vertoon van mijn moeder die mij altijd sloeg en mishandelde. En wanneer zijzelf zich door iemand bedreigd voelde, ging zij mij als schild gebruiken. Daarna werd nog vaak haar woede op mij geuit.

Terug naar het target-gevoel

Beeld

Filipp, tussen de dertien en vijftien jaar, loopt langs een spoorweg. Een trein passeert hem. Hij heeft het koud en voelt zich eenzaam. Ik omarm hem met een grote warme deken en neem hem mee naar het trauma-paradijs. Hij ziet oma (zij zit op een bankje), rent naar haar toe, valt in haar armen en barst in huilen uit. Hij zegt dat hij zich helemaal alleen in de wereld voelt. Er is niemand, helemaal niemand die van hem houdt en beschermt tegen anderen die hem pesten. Ik omarm hem en mijn oma. Langzaam komt hij door onze liefde bij. Daarna brengen wij hem naar een gedeelte van ons trauma-paradijs voor 13 plussers waar ook meisjes aanwezig zijn!

Nacontrole

Mijn boosheid is nu onder 10 procent gezakt. Uit mijn ervaring weet ik dat dit normaal is. Nu laat ik mijn traumawonden van deze meditatie dichtgroeien. Dit kost tijd. Dan zal mijn boosheid helemaal weggaan.

6 februari

Ik heb een relatie met Yvonne. Yvonne is zestien jaar ouder dan ik. Zij is een prachtig, gevoelig en mooi mens, zowel van binnen als van buiten. Ik hou heel veel van haar. Wij hebben al enkele jaren een relatie. Ik voel haar liefde voor mij niet meer. Toch weet ik zeker dat zij veel van mij houdt. Helaas voel ik dat Yvonne haar gevoel afschermt. Zelfs in onze meest intieme momenten voel ik een onzichtbare muur tussen ons. Al enkele weken heb ik moeite om haar te zien. Er speelt iets vanbinnen wat mij verdrietig maakt. Elke keer duw ik het weg door een gedachteswitch (gedachtewisseling). Dit is een halfbewust zelfverzonnen techniek uit mijn jeugd die heeft gezorgd voor mijn overleven in mijn kinderjaren. Het houdt in dat ik mijn aandacht weghaal bij een sterke emotie, zoals bijvoorbeeld verdriet, en zich vervolgens richt op iets sterk positiefs, wat dan voor een ander positief of neutraal gevoel zorgt. Dit doe ik door het wisselen van mijn gedachten (gedachteswitch). Datzelfde heb ik de afgelopen weken met mijn gevoelens (mijn probleem om haar te zien, het verdriet) voor Yvonne gedaan. Nu weet ik dat zoiets als een gedachteswitch slechts voor een tijdelijke "verlossing" zorgt.

Volgens de grondlegger van de psychoanalyse, de bekende psychiater Sigmund Freud, krijgen onze onderdrukte gevoelens tijdens onze slaap een uiting in een vorm van een droom. Hierna volgt een voorbeeld daarvan uit mijn eigen leven.

7 februari

Ik heb vannacht veel gedroomd. In mijn droom had ik geen plaats om te overnachten. Van mijn vriendin Yvon mocht ik een vrije kamer in een hotel gebruiken die door een vriendin (Diny) was geboekt maar niet in gebruik genomen. Ik loop in het hotel rond maar kan geen kamer van Diny vinden. Ik bel Yvonne en vraag haar om mij te helpen. Aanwijzingen van Yvonne helpen niet. Ik voel een onzichtbare muur tussen ons. Ik smeek naar haar liefde maar kan niet tot haar gevoel doordringen. Ik word midden in de nacht wakker en kan niet slapen. Ik voel verdriet en mijn afgewezen liefde voor haar.

Target-gevoel

Het gevoel zit in mijn keel. Veel verdriet. Ik concentreer mij daarop.

Beeld

Ik zie een beeld. Flipje, niet ouder dan vijf jaar is erg verdrietig. Hij huilt. Hij wil de liefde van zijn moeder maar zij negeert hem. Zij staat, met haar rug naar hem, bij het gasfornuis te koken en negeert zijn smeken. Hij voelt een enorme muur tussen hen die hij niet kan doorbreken.

Ik neem hem in mijn armen en geef hem zo veel mogelijk liefde. Daarna neem ik hem mee naar onze traumaparadijs. Hij ziet zijn oma, rent naar haar toe en barst in groot huilen uit. Hij voelt een intense geestelijke pijn en verdriet die veroorzaakt wordt door zijn liefde voor de moeder. Flipje "duikt" met zijn neus in de buik van zijn oma. Hij wil terug naar de bron waar hij vandaan kwam. Langzaam komt hij in de handen van zijn oma bij.

Terug naar het target-gevoel

Beeld

Flipje is 7 jaar en zit in een jongerenkamp. Er is al een aantal weken verstreken. Hij mist zijn moeder ontzettend. Hij wacht elke dag en telt de dagen af. Zij komt. Zij blijf een paar uur en gaat weg. Flipje barst in een enorme huilen uit. Hij heeft haar zo lang gemist en zij gaat nu al weg!? Ik werk dit trauma op dezelfde manier af.

Terug naar het target-gevoel

Beeld

Hetzelfde kamp. Zijn moeder zou vandaag komen. Hij heeft al een aantal weken zijn mama niet gezien. In totaal brengt Flipje twee á drie maanden per jaar in dat zomerkamp door waar hij zich niet gelukkig voelt. Al een week voor haar komst heeft Flipje de dagen en uren geteld. Meteen na het ontbijt rent Flipje naar de poort van het kamp en gaat buiten op zijn mama wachten. Hij blijft op de grond zitten en naar de weg kijken in de richting waar zijn mama vandaan zou komen. Flipje wacht op zijn mama. Het is 10 uur geweest. Zij is er nog niet. Hij telt de minuten. Het wordt elf uur, twaalf uur. Zij komt niet. Het is rond één uur. Flipje moet naar de kantine om te lunchen anders blijft hij vandaag zonder eten. Hij wil niet weggaan omdat hij bang is om zijn mama te missen.

Ik neem hem in mijn armen en geef hem veel liefde. Daarna gaan wij naar zijn lieve oma waar hij langzaam bijkomt.

Terug naar het target-gevoel

Beeld

Ik zie Yvon. Er is een dikke glazen muur tussen ons. Flipje houdt zijn handjes tegen de muur, alsof hij haar probeert aan te raken. Hij wil haar omarmen. Yvon staat aan de andere kant op anderhalve meter afstand. Zij kijkt hem aan maar komt niet dichterbij. Flipje voelt de pijnlijke afstand. Er is iets in haar wat haar veel pijn doet wanneer zij haar liefde wilt geven. Dat iets komt uit haar eigen traumatische jeugd.

Ik grijp in. Ik breng Yvon aan de kant van Flipje. Zij vallen in elkaars armen. Ik laat hun smelten tot één liefdevol geheel.

Nacontrole

Ik ben mijn verdriet kwijt! Het voelt goed nu. Heel goed!

8 februari

Gisterenavond heb ik met Yvonne via de telefoon gesproken. Ik kreeg weer last van mijn gevoel. Dit keer was het een paniekerig gevoel dat ik haar langzaam aan het verliezen ben.

Target-gevoel

Het gaat om het eerdergenoemde gevoel, ergens in mijn keel. Ik concentreer mij daarop.

Beeld

Ik zie een beeld. Flipje is op strand met zijn oma en zijn moeder. Er zijn honderden, misschien duizenden mensen op het strand maar niemand gaat het water in. Het is te gevaarlijk. Er is een storm op de zee. Zwemverbod. Er zijn slechts een paar dappere mensen (of domme aandachttrekkers?) die het water ingaan. Mijn moeder vindt zichzelf een uitstekende zwemmer. Zij gaat het water in. Honderden mensen kijken toe. Zij zwemt steeds verder van de kust af en verdwijnt uit het beeld achter de enorme golven. Flipje ziet haar niet meer. Hij is bang dat zij gaat verdrinken, dat hij haar voor altijd kwijt zal zijn en raakt in paniek.

Ik grijp in. Ik probeer Flipje te omarmen. Het helpt niet. Zijn blik is gericht op dat punt waar zijn moeder achter de golven verdwenen is. Hij is zo enorm gespannen dat hij mij niet voelt en niet ziet. Zijn volledige aandacht is gericht op dat punt in de zee. Ik vraag mij af wat hem zou helpen. Ik weet het. Ik laat een reddingsroeiboot met twee grote sterke mannen naast zijn moeder varen. Zij houden haar in de gaten en kunnen onmiddellijk ingrijpen als er iets mis zou gaan. Flipje ziet de roeiboot en zijn moeder en wordt rustiger. Ik houd hem in mijn armen. Helaas is hij nog steeds gespannen en maakt zich nog steeds zorgen. Hij is bang om zijn moeder te verliezen. Ik bedenk nog iets om hem nog meer gerust te stellen. Ik laat een helikopter komen. Zijn moeder krijgt een brede riem waar een dik touw aan vastgebonden is. Met dit touw kan de helikopter haar in één keer uit het water trekken, precies zoals een baasje zijn kleine hondje met een riem uit een zwembad zou trekken. Op deze manier zwemt zijn moeder verder. Flipje ziet de helikopter en de reddingsboot nu. Dat zijn moeder niets kan overkomen geeft hem een rustgevend gevoel. Zijn paniekerige gevoel verdwijnt. Hij ontspant zich nu maar blijft kijken en op zijn moeder wachten. Na lang wachten komt zij eindelijk uitgeput terug. Flipje houdt veel van zijn mama. Hij omarmt haar en wil haar nooit meer loslaten!

Terug naar het target-gevoel

Flipje ligt op de bank. Hij heeft verdriet. Zijn moeder wil hem niet troosten. Zij doet daar ook geen enkele moeite voor. Ik grijp in. Ik neem hem in mijn armen en geef veel liefde. Wij gaan naar ons trauma-paradijs. Hij wordt opgevangen door zijn oma. Zij geeft hem liefde. Hij ontspant zich en zijn verdriet verdwijnt. Ik kijk toe. Ik voel veel verdriet. Ik zeg tegen mijn oma dat ik het niet meer trek. Ik blijf talloze Flipjes hiernaar toebrengen. Wanneer houdt dat op!? Zij omarmt mij. Ik huil en voel haar liefde en steun. Zij zegt dat ik moet volhouden.

Nacontrole

Het gevoel is nu gezakt onder 10 procent.

9 februari

Momenteel ben ik bezig met een medische keuring voor mijn uitkering. Ik heb al een gesprek met een verzekeringsarts gehad. Het is niet goed gegaan. De meeste en ergste klachten heeft hij in zijn rapportage gewoon genegeerd. Verzekeringsartsen staan onder enorme druk. Er moet vanuit de regering bezuinigd worden. Daarom proberen verzekeringsartsen verschillende trucs uit om mensen arbeidsgeschikt te laten verklaren. In dat geval hoeft er geen uitkering betaald te worden, een flinke besparing dus. Momenteel wacht ik in spanning op het tweede gesprek. Ik wil graag weten waar mijn spanning vandaan komt.

Target-gevoel

Ik concentreer mij op de spanning. Ik voel meteen angst.

Beeld

Ik ben (13 jaar) op school en moet met een andere jongen vechten. Die jongen ken ik heel goed en ik weet dat hij een goed persoon is. Ik moet vechten (al weet ik niet meer waarom). Ik ben erg bang om hem pijn te doen, om hem te beschadigen. Dat wil ik helemaal niet omdat hij vanbinnen een goede zachtaardige jongen is en hij mij nooit kwaad heeft gedaan. Zijn naam is Vladimir. Ik wil mij ook niet laten slaan. Dat zou hij ook niet zomaar doen, dat voel ik. Ik grijp in.

Ik laat Filipp stilstaan. Het helpt niet. Vladimir durft nu geen klappen uit te delen. Hij ziet dat Filipp niet wil slaan. Hij daagt Filipp uit. Ik laat Filipp rustig zitten en zijn ogen dichtdoen. Vladimir weet nu niet meer wat hij moet doen. Hij is in verwarring. Hij laat nog een paar scheldwoorden vallen en uiteindelijk vertrekt hij. Het is goed nu.

Terug naar het target-gevoel

Beeld

Ik zie veel leerlingen in de garderobe van mijn school. De meeste zijn noch mijn vrienden noch mijn vijanden. Dat zijn meelopers die altijd stonden toe te kijken en te lachen hoe ik jarenlang gepest, gekleineerd of geïntimideerd werd.

De tijd is rijp voor mijn payback. Er zijn een paar mensen in de garderobe die nooit aan het uitlachten meededen. Ik mag ze. Zij krijgen een beschermingspak met zuurstofflessen zoals reddingswerkers die dragen als zij met gevaarlijke stoffen geconfronteerd worden. De deuren gaan dicht.....

Heb je ooit een groot waterkanon gezien waarmee de brandweer het vuur bestrijdt? Die heb ik nu. Ik heb de allergrootste genomen! Ik richt mijn kanon op de meelopers en open de kraan. Alleen in plaats van water komt er met enorme druk dunne menselijke poep uit, precies zoals wanneer je diarree hebt. Ik spuit iedereen hiermee tot over hun oren. Oh oh, wat voelt dat heeeeeerlijk! Overal vliegt poep rond. Na een paar rondjes zie ik dat sommige meelopers ademhalingsproblemen beginnen te krijgen. Geen wonder, want de schoolgarderobe is inmiddels overstroomt met de poep. Tijd voor de schoonmaak. Ik draai mijn kanon dicht. Ik laat de jongeren met het beschermingspak via een dicht geseald e deur eruit gaan. Ik laat ze in een aparte ruimte schoonspuiten. Met water deze keer. Zij mogen de beschermingspakken uittrekken en naar mij toe komen. Ik zet de sprinklerinstallatie in het plafond aan. Uit de kleine douchekoppen komt veel water en spoelt de meelopers schoon. Ze zijn allemaal uitgeput van het vechten tegen de poep. Ik laat ze naar buiten wegkruipen. Ze zijn zo uitgeput dat ze meteen op de grond gaan zitten of sommigen zelfs liggen. Zij stinken erg. Ik kijk toe en heb medelijden met deze "kleine zieltjes". Zij hebben gekregen wat ze hebben verdiend!

Nacontrole

Wat een heerlijk gevoel! Ik voel ook geen spanning meer!

10 februari

Ik merk dat mijn traumaverwerking een nieuw stadium ingaat. Ik heb nu veel last van angsten en stress in plaats van zware emoties. Vroeger had ik niet in de gaten dat ik zoveel stress en angsten had omdat ze door de sterke emoties (zoals verdriet en boosheid) op de achtergrond geduwd werden. Ik ben erg moe, zowel letterlijk als figuurlijk, van mijn spanningen, stress en onverklaarbare angsten.

Ik ben in afwachting van mijn tweede gesprek bij de verzekeringsarts. Ik controleer in spanning mijn postbus drie keer per dag. Ik verwacht een uitnodiging voor dit gesprek. Als ik daaraan denk, voel ik spanning en angst.

Target-gevoel

Ik concentreer mij op die angst.

Beeld

Ik zie Flipje die doodsbang is. Zijn moeder heeft weer een woedeaanval. Zij smijt met alles wat in haar handen komt . Zij zegt: "Ik geef zo'n klap op je kop dat jij nooit meer zal kunnen opstaan!" Filpje beschermt zijn hoofd omdat hij erg bang is dat zij met een hard willekeurig voorwerp op zijn hoofd zal slaan. Flipje is stijf van de zenuwen in afwachting van een klap. Hij voelt zich onveilig en is bang voor zijn leven. Ik grijp in. Ik vraag mij af wat hij op dit moment nodig heeft. Veiligheid. Ik laat zijn moeder in een grote dikke pannenkoek rollen. Ik maak een gaatje voor haar neus zodat zij kan ademen. De pannenkoek staat rechtop voor ons. Ik laat om de pannenkoek heen een groot blauw lint knopen. De moeder is aan het stribbelen. Flipje voelt zich een stuk veiliger. Hij is echter nog bang dat zij zich los kan rukken. Ik laat de buitenkant van de pannenkoek met gesmolten suiker beschilderen. De suiker wordt hard waardoor een harde cocon ontstaat. Flipje voelt zich nu iets veiliger. Het beeld van de pannenkoek-cocon in de hoek van de woonkamer is echter nog niet compleet. Hij is nog steeds bang dat zij zich kan bevrijden. Wij maken een ketting en zetten de pannenkoek aan de muur vast. Het verandert niets voor het gevoel van Flipje. De pannenkoek moet het huis uit. Wij hangen hem deze ondersteboven aan een haak, boven een rivier. Flipje en ik gaan op een brug staan zodat wij vanaf een veilige afstand naar de hangende pannenkoek kunnen kijken. Nu voelt hij zich helemaal veilig. Zijn stress en spanning verdwijnen. Ik neem hem in mijn armen en breng hem naar ons trauma-paradijs.

Terug naar het target-gevoel

Mijn target-gevoel is minder geworden. Maar toch is er nog genoeg angst aanwezig. Ik concentreer mij daarop.

Beeld

Er komt weer een beeld. Flipje is aan het zwemmen. Per ongeluk heeft hij veel water ingeslikt. Het water is ook in zijn neus gekomen. Hij schrikt zich kapot. Hij is aan het hoesten. Het water komt uit zijn neus en mond. Gelukkig is zijn oma op het strand. Zij neemt hem in haar armen en probeert hem te helpen. Zij geeft Flipje iets lekkers te drinken en hij komt langzaam bij van zijn schrik. Ik laat het hierbij.

Terug naar het target-gevoel

Beeld

Mijn oma is net overleden. Het is 1987. Ik ben 10 jaar. Ik blijf tegen mijzelf herhalen: Ik zal haar nooit meer zien. Ik zal haar nooit meer zien.. Het geeft verdriet. Tegelijkertijd zie ik een beeld van haar kamer waar zij doodziek op haar bed ligt. Zij moet zoveel lijden door de zenuwpijn in haar gezicht dat ik blij ben dat zij eindelijk van haar lijden verlost is. De enorme zenuwpijn in haar gezicht die zij had was veel erger dan kiespijn waartegen niets helpt. Dat kwam door het laatste stadium van de kanker die zij had. Ik verwarmde in de oven enkele keren per dag een linnen zakje met zand die zij bijna constant tegen haar gezicht aanhield. Dat verzachte de pijn. Zij was vaak aan het kreunen van de pijn. Ik had veel medelijden met haar.

Een gevoel van verdriet en een geruststellende gedachte over haar verlossing van de pijn overheerst mij. Ik ben geestelijk gesloopt. Ik ben vol met mijn eigen zware emoties. Ik heb geen ruimte voor extra verdriet die ik voor haar heb. Ik kan het niet aan. Het verdriet voor haar voelt als een groot betonnen blok op de bodem van mijn geest. Het is het soort blok dat ze gebruiken voor het fundament van huizen.

Ik grijp in. Ik weet niet precies wat ik moet doen. Ik zie alleen het betonnen blok ergens onder mij. Ik maak hem kleiner en kleiner totdat hij op mijn hand past. Plotseling maakt mijn geest er een souvenir van. Een piepklein betonnen blokje van goud! Ik vraag mij af wat ik verder hiermee moet doen. Ik steek hem in mijn broekzak. Ik weet dat mijn broekzak een gaatje heeft en dat het souvenir vanzelf daarin zal verdwijnen. Ik hoop dat hij ergens op straat of tijdens een wandeling in de natuur onopgemerkt voor mij door dat gaatje heen gaat vallen.

Ik ga aankomende dagen mijn gevoel voor oma in de gaten houden.

Nacontrole

Het target-gevoel is nu onder 10 procent.

11 februari

Ik ben woedend. Ik krijg een email van een cliënt van onze stichting waarvoor ik vrijwilligerswerk doe. De klant is een typische "zeurklant". Hij stuurt tientallen emails, neemt geen enkele moeite om mijn uitleg te bestuderen en te gebruiken, schrijft in denigrerende taal en dramt alleen maar zijn zin door. Het maakt mij woedend! Het liefste zou ik hem met eigen munt willen betalen. Ik weet dat ik zakelijk moet blijven. Ik heb echter last van mijn woede.

Target-gevoel

Mijn woede. Ik concentreer mij daarop.

Beeld

Philippe wordt door twee mannen aan zijn haar over de grond gesleept en wordt daarna in een toilet in elkaar geslagen. Een van hen heeft een kale kop en een sterkt postuur. Ik weet van iemand dat hij een harde crimineel is en in zijn "carrière" ook mensen van hun leven heeft beroofd. De andere is kleiner maar erg agressief. Beide zijn onder invloed van drugs en alcohol. Ze zijn erg fel in hun agressie en ook woedend. Philippe wordt geslagen en moet zijn geld afstaan. Ik grijp in. Ik haal de mannen weg van Philippe. Ik vraag hem wat hij nodig heeft. Zijn antwoord is helder! Een 'baseball bat'! Philippe is woedend vanwege de enorme pijn en het verdriet. Hij laat er geen gras overgroeien en bewerkt meteen de beide mannen met zijn nieuwe hulpmiddel. Zij liggen nu op de grond. De kale kop is erg bang voor de dood. Dat kan ik aan zijn ogen zien. Philippe's verdriet wordt kleiner maar zijn woede niet. Hij zit nog vol met de adrenaline. Doorgaan met slaan zal zijn woede niet wegnemen. Er moet iets anders verzonnen worden. Wij hangen ze ondersteboven aan een boom. Het verandert niets aan Philippe's woede. Wij zetten deze twee misdadigers middenin een bad van een zuiveringssysteem waar de ontlasting van de hele stad bij elkaar komt. Er drijven overal drollen op de oppervlakte. Een beeld van twee zielige mannen middenin de poep zorgt dat Philippe's woede nu voor 50 procent minder wordt. Er moet nog iets verzonnen worden, want de woede is nog niet weg. Wij maken ze met hun benen vast in een buis waar de ontlasting constant doorgespoeld wordt. Dit beeld helpt. Philippe lacht. Zijn woede wordt nog minder maar is nog niet helemaal over. Wij stoppen nu beide mannen in vloeibaar cement en laten hen drogen onder de zon op een strand. Hun kleding wordt hard vanwege het cement. Zij kunnen nauwelijks bewegen. Zij zitten nu op de knieën en smeken om vrijgelaten te worden. Er is nog een klein restje van woede die Philippe graag kwijt wil. Hij besluit als aandenken de kop van de tweede man kaal te scheren. Vervolgens worden beide koppen goed met de poep ingesmeerd. Wij laten de poep opdrogen totdat het hard wordt. Zij hebben nu pruiken van poep met zeer scherpe randen. Wij moeten weer lachen. Nu mogen ze vertrekken. Mijn woede is over.

Terug naar het target-gevoel

Beeld

Een jongen staat op een trap en spuugt constant op Filipp (11 jaar). Hij is ouder, veel groter en sterker. Daarnaast intimideert hij Filipp. Filipp voelt zich machteloos, verdrietig en boos. Ik grijp in. Ik vraag Filipp wat hij nodig heeft. Alleen "een backup" zegt hij. Hij wil mijn aanwezigheid achter zijn rug voelen. Nu voelt hij dat een volwassene (Ik) achter zijn rug staat. Dat geeft hem veel zelfvertrouwen. Hij wil eerst die jongen slaan maar voelt dat het niet de juiste weg is. Filipp draait zijn arm achter zijn rug en duwt zijn gezicht in een grote berg van hondenpoep. Het helpt, maar Filipp is nog niet verlost van zijn boosheid. Wij gaan iets anders proberen. Deze keer grijpt Filipp zijn nek en duwt zijn gezicht in een enorme berg van olifantenpoep. De berg is zo groot dat de jongen naar binnenvalt. Wij kunnen nu alleen zijn benen zien die uit de berg steken. Filipp lacht. De jongen is nu vergeven. Zand erover.

Terug naar het target-gevoel

Beeld

Flipje krijgt een enorme klap op zijn rechteroor. De pijn is zo groot dat hij die ergens midden in zijn hoofd voelt. Hij schreeuwt van de pijn en roept zijn mama om bescherming. Hij krijgt die niet. Het was zijn mama die de klap uitgedeeld had. Ik grijp in. We zetten moeder in een grote kooi. De kooi zetten wij in een zeecontainer en we sluiten deze af. Ik neem Flipje in mijn armen en geeft hem mijn liefde. Hij voelt die niet. Hij voelt alleen enorme pijn waardoor hij huilt en schreeuwt. Langzaam trekt de pijn weg. Ik neem hem mee naar ons traumaparadijs waar hij langzaam bijkomt.

Terug naar het target-gevoel

Filipp is 15 jaar. Hij heeft een nieuwe scooter. Een oudere jongen vraagt hem om een lift naar zijn huis. Filipp is goed van vertrouwen en brengt hem naar zijn wijk.

Het is een kamp en het is geen veilige plaats vanwege de criminelen die daar wonen. De jongen stapt van de scooter af, pakt het stuur, duwt Filipp aan de kant en wil duidelijk de scooter afpakken. Filipp is erg bang. Zijn hart gaat tekeer. Als dit zou gaan gebeuren zal Filipp nooit zijn scooter meer terugzien. Ik grijp in. Ik vraag wat Filipp nu nodig heeft. Hij wil mij achter zich voelen. Dat geeft hem zelfvertrouwen. Hij wil ook de bokshandschoen waarmee hij een klap aan die jongen geeft. De jongen vliegt van de scooter af. Maar de angst van Filipp verdwijnt niet. Het is niet de jongen waar hij bang voor is. Het zijn de volwassen criminele broers van de jongen en hun bende, die altijd wraak komen nemen voor hun leden. Zij komen allemaal nu gewapend met messen, geweren en knuppels naar buiten. Filipp wil een wapen. Eentje die groot en snel is. De keuze valt op een enorm machinegeweer met vijftig aan elkaar vastgemonteerde lopen. Hierdoor kunnen er meerdere schoten tegelijk afgevuurd worden. Filipp pakt dat ding en zet hem meteen aan. Het metallisch geluid van afgeschoten kogels vult de lucht. Dat geeft een goed gevoel. De vuurkracht van het wapen is enorm. Binnen enkele seconden ligt de hele bende op straat. Hun huizen lijken nu op een vergiet. Filipp staakt het vuur. Het is muisstil. De oudere jongen staat nog steeds voor Filipp's scooter. Hij is er helemaal stil van. Zijn mond staat open en hij is nu doodsbang van Filipp. Hij rent weg. Filipp voelt zich prima nu. Hij pakt zijn scooter en rijdt langzaam weg.

Nacontrole

Terug naar het target-gevoel

Ik voel geen woede voor die "zeurklant" meer.

12 februari

Ik ga met mijn teckels naar buiten voor een avondwandeling. De grote hond van de buren loopt weer los. Sterker nog. De eigenaar gaat met zijn hond gewoon onze kant op waardoor wij uit de weg moeten gaan. Ik bereid ons voor op een aanval van zijn hond. Zijn hond rent snel grommend op ons af, bereid om mijn kleine teckels aan te vallen maar wordt door de buurman op het laatste moment tegengehouden. Hij roept tegen mij: 'Niets aan de hand!' Ik voel dat ik in de stress schiet. Ik heb een maand geleden een brief naar hem geschreven waarin ik hem verzocht zijn hond aangelijnd uit te laten. Ik voel mij niet serieus genomen. Zij hebben mijn zorgen gewoon genegeerd. Ik ga een klacht naar de gemeente schrijven. Hieronder is mijn klacht:

Geachte heer/mevrouw

Ik ben eigenaar van twee kleine honden (teckels). In de tweede helft van december ben ik met mijn honden voor de trap van mijn eigen woning aangevallen door een grote hond van de buren. Hun hond was niet aangelijnd. Ik ben toen erg geschrokken. Ik maakte me veel zorgen over de veiligheid van mijn honden en mijn eigen veiligheid. Naderhand heb ik een brief aan de buren geschreven waarin ik ze vriendelijk heb verzocht hun hond voortaan aangelijnd uit te laten. Mijn buren hebben op mijn brief niet gereageerd. Een kopie van deze brief treft u in de bijlage aan. Tot mijn spijt is mijn verzoek niet serieus genomen. Hun hond wordt nog steeds niet aangelijnd uitgelaten. In de avond van 11 februari ben ik met mijn honden weer geconfronteerd met de niet aangelijnde hond van de buren.

Ik voel mij s'avonds niet meer veilig in mijn eigen straat. Wanneer ik uit mijn eigen woning kom kijk ik elke keer in spanning rond of de grote hond van de buren niet losloopt. Dit vind ik zeer vervelend. Ik heb daar veel last van. Volgens de spelregels voor hondenbezitters van de gemeente heeft men de plicht om zijn hond in de bebouwde kom uitsluitend aangelijnd uit te laten. Dit wordt door mijn buren niet nageleefd.

Ik verzoek u vriendelijk de eigenaar van de hond op zijn verantwoordelijkheid aan te spreken en mij te zijner tijd daarover te informeren.

Bijlage: een kopie van de brief naar mijn buren

In afwachting van uw antwoord,

Met vriendelijke groet,

Philippe Izmailov

Wat voel ik nu? De vorige keer toen zijn hond ons aanviel voelde ik mij compleet overweldigd door mijn woede, stress en verdriet. Normaal gesproken zou ik nu van de stress en woede door mijn woonkamer heen en weer lopen. Het is nu anders. Ik heb bijna nergens last van. Toch voel ik dat ergens in mijn keel opgekropte gevoelens hun weg naar buiten zoeken. Een mooie gelegenheid om een trauma-meditatie te doen.

Target-gevoel

Een gevoel in mijn keel. Het is voor mij niet helemaal duidelijk wat het is. Het is onrustig. Het lijkt op verdriet, spanning en boosheid. Ik concentreer mij daarop.

Beeld

Ik voel pijn aan de rechterzijde van mijn gezicht. Die pijn komt door een klap die iemand aan mij heeft gegeven. De klap is zo groot geweest dat ik mijn schedel voel. Ik krijg geen beeld. Ik kan mij ook niet herinneren wie en wanneer dat deed. Ik voel alleen de pijn van de klap. Ik concentreer mij op die pijn. Langzaam begint het beeld zich te vormen. Ik ben 13 jaar. Ik ben met een vriendje op een afgelegen schiereiland gaan vissen. Plotseling krijgen wij bezoek. Een groep jonge mannen die ons komt afpersen. Mijn vriendje slaagt erin om te vluchten. Ik krijg een flinke klap in mijn gezicht. Een van hen daagt Filipp uit, hij intimideert Filipp in de hoop dat hij gaat aanvallen. Dan zouden zij met zijn allen hem in elkaar slaan. Filipp kookt van woede maar kan niets doen. Ze willen geld en dat heeft hij niet. Ik grijp in. Ik vraag wat Filipp nu nodig heeft. Hij wil een voor een met de mannen vechten. Ik hou iedereen op afstand. Filipp wil geen hulpmiddelen deze keer. Hij is zo woedend dat hij de eerste man compleet in elkaar slaat. Een voor een liggen alle vier op de grond. Zij willen opstaan en tegelijk aanvallen. Filipp wil een baseballknuppel. Daarmee bewerkt hij op harde wijze zijn vijanden. Daarna worden zij tot aan de nek in het zand ingegraven. Hun hoofden worden kaal geschoren en ingesmeerd met poep. Nu laten drogen. Zij lijken op vier grote chocoladebollen. Filipp moet lachen. Zijn woede is afgenomen. Ze zijn nu bang en wij laten ze vrij. Ze slaan meteen op vlucht behalve een van de mannen. Die geeft de spullen van Filipp terug en biedt zijn excuses aan. Hij is erg bang. Hij rent nu ook als een gebeten hond met de staart tussen zijn benen weg. Filipp is nog niet helemaal klaar met ze. Wij stappen in een militaire helikopter en gaan op jacht. Wij vliegen over het bos waar we beneden de mannen zien wegrennen. Er is nog een restje woede voor deze mannen die Filipp kwijt moet. Hij schiet met grote olifantendrollen die uit de kanonnen komen van onze helikopter. De drollen zijn zo groot dat de mannen een voor een in een berg van poep verdwijnen. Wij kunnen alleen nog hun benen of handen zien. Zij proberen zich onhandig te bevrijden. Het geeft een fantastisch gevoel. Wij laten ze nu gaan.

Terug naar het target-gevoel

Beeld

Ik zie een beeld. Philippe is rond de achttien. Hij bevindt zich op een afgelegen stukje strand waar bijna niemand is. Een aantal meters verderop worden een paar pubers door twee grote dikke mannen afgeperst.

Zij moeten eerst hun eten aan hun geven, dan meer en meer. Hun taalgebruik wijst op hun criminele afkomst. Filipp heeft medelijden met die jongens. Hij is woedend maar voelt zich compleet machteloos. Als hij gaat ingrijpen, wordt hij net als die jongeren een slachtoffer. Ik grijp in. Ik vraag Filipp wat hij nu nodig heeft. Een baseballknuppel! Filipp is erg kwaad. Hij slaat de dikke mannen verrot. Ze liggen nu op de grond. Wij nemen een speedboot, maken met touwen hun benen daaraan vast en gaan met hoge snelheid varen. De mannen worden achter de boot gesleept. Het werkt niet. Het verandert niets voor Filipp's gevoel. Er moet iets anders verzonnen worden. Wij zetten ze op strand, halen hun onderbroeken naar beneden, steken vuurwerk in hun achterste aan en laten ze los. Hun achterste staat in de fik. Ze rennen weg. Iedereen lacht ze uit. Filipp's woede wordt minder maar is nog niet weg. Wij stappen in onze helikopter en gaan op jacht. Deze keer maken wij twee enorme zakken onder onze helikopter vast. Deze zakken gebruikt de brandweer om het vuur bij grote bosbranden te bestrijden. Ze vullen ze met water, vliegen over het vuur en gieten het water eroverheen. Omdat het achterwerk van onze "vrienden" in de fik staat, lijkt het ons een goed idee om deze keer niet te gaan schieten. Wij hebben absoluut andere bedoelingen dan de brandweer en vullen de zakken met dunne poep. Hiermee gaan wij op jacht. Wij vliegen boven het bos. Wij hebben geen moeite om onze "vrienden" te vinden. De rook van hun achterste stijgt boven de bomen. Plechtig laten wij een voor een de zakken boven onze "vrienden" opengaan. Een heerlijk gevoel van verlossing van mijn woede vult mijn borst.

15 februari

Ik heb een brief van mijn moeder gekregen. De brief is vol van vernederingen, intimidaties, beschuldigingen, chantage en scheldwoorden. Ik voel eerst de boosheid. Later is mijn boosheid gaan liggen en vanuit de diepte van mijn borst is het verdriet naar voren gekomen.

Target-gevoel

Mijn verdriet zit in mijn borst en in mijn keel. Ik concentreer mij daarop.

Beeld

Ik zie Flipje. Zijn moeder slaat hem en schreeuwt naar hem. Zij is woedend en erg agressief. Haar woorden zijn nog erger dan klappen. Flipje huilt en smeekt om genade. Elk woord van haar komt als een klap aan. Hij voelt veel pijn vanbinnen. Hij houdt veel van haar, hij heeft veel verdriet.

Ik grijp in. De moeder wordt vastgebonden zodat zij Flipje niet kan slaan. Haar mond wordt afgeplakt zodat haar verbale agressie niet meer hoorbaar is. Ik neem Flipje in mijn armen. Ik voel zijn verdriet. Hij houdt veel van zijn moeder. Als antwoord op zijn liefde krijgt hij haar agressie en woede terug. Dat snapt hij niet. Dat maakt hem nog meer verdrietig. Ik geef hem mijn liefde. Wanneer hij in slaap valt neem ik hem mee naar mijn trauma-paradijs.

Terug naar het target-gevoel

Beeld

Ik ben 30 jaar. Ik woon al een paar jaar in Nederland. Mijn moeder komt op bezoek. Wij komen bij de voordeur van mijn vriendin aan. Er is een woordenwisseling tussen mij en mijn moeder. Zij dramt haar zin door, zoals dat altijd al is geweest. Ik weiger haar haar zin te geven. Zij krijgt een woedeaanval. Zij slaat mij met een fles water op mijn hoofd. Ik heb geluk dat zij niets anders op dat moment bij de hand heeft. Ooit was dat een hamer waarmee zij op mijn hoofd wilde slaan. Zij gedraagt zich net als toen ik nog een klein machteloos kindje was en zij hem alles wat zij maar wilde onbestraft kon aandoen. Ik ben woedend over haar gedrag en van de pijn in mijn hoofd. Ik pakte haar met mijn handen vast en trek haar naar binnen. Ik kijk haar recht in haar ogen aan. Ik schreeuw keihard: 'Nu is het genoeg! Ik ben GEEN klein kind meer dat jij ongestraft kan slaan en misbruiken!' Ik hoor Yvonne, mijn vriendin op de achtergrond. Zij is in paniek. Zij is erg bang en schreeuwt dat ik mijn moeder los moet laten! Ik vraag Yvonne onmiddellijk een retourticket voor mijn moeder te gaan boeken. Ik wil dat mijn moeder vandaag nog vertrekt. Dat is ook gebeurd. In afwachting van de vlucht hebben wij mijn moeder naar mijn flat gebracht waar zij mijn kinderfoto's in stukjes heeft geknipt, mijn huis volledig heeft doorzocht en een aantal van mijn spullen ongevraagd heeft meegenomen. Yvonne heeft mijn moeder naar het vliegveld gebracht waar zij haar vliegtuig naar Rusland heeft genomen.

Ik zie een beeld van mijzelf en mijn moeder in de woonkamer van Yvonne. Ik voel mij afschuwelijk. Mijn moeder heeft de afgelopen jaren niets geleerd en zij is voor geen centimeter veranderd. Dit doet mij ontzettend veel pijn en verdriet. Ik wil haar niet meer zien. Ik wil haar zo snel mogelijk weg hebben. Ik grijp in. Ik neem Philippe apart en geef hem een omhelzing. Hij is compleet stijf van de zenuwen. Hij is in shock maar hij voel het niet. Hij voelt alleen boosheid en veel verdriet. Ik laat in het beeld een PostNL busje komen. Deze neemt mijn moeder meteen mee. Het wordt een zending naar Rusland. Ik houd Philippe vast totdat hij bijkomt. Ik neem hem mee naar ons trauma-paradijs.

Terug naar het target-gevoel

Beeld

Philippe is 19 á 20 jaar. Hij is kostwinnaar. Zoals vele werkloze jongeren (er was geen werk toen) rijdt hij in zijn oude auto rond in hoop om iemand een lift tegen betaling te geven. Een soort van Taxi dus. Thuis geef hij zijn moeder geld om eten te kopen. De situatie met openbaar vervoer in de stad veranderde. Er kwam een nieuw soort van OV, bestaande uit kleine snelle busjes voor maximaal tien personen, die overal buiten de bushaltes mochten stoppen. Reizigers mogen voortaan overal in en uitstappen. Dit heeft mijn "liftdiensten" overbodig gemaakt. Ik kan steeds moeilijker aan klanten komen. Rondrijden heeft bijna geen zin meer en kost alleen maar veel benzine. Ik besluit mij op te stellen bij het vliegveld waar ik op aankomende passagiers kan wachten. De plaatselijke taxibende heeft dit terrein in hun handen. Er is harde concurrentie. Twee banden van mijn auto hebben zij leeggestoken toen ik cliënten op het vliegveld aan het zoeken was. Er is geen ander werk vanwege de grote werkloosheid. Thuis krijg ik elke keer te horen dat wij geen geld hebben en of ik wat langer wil doorwerken. Ik sta onder druk. Van de ene kant heb ik geen klanten dus geen inkomsten, van de andere kant is er de emotionele druk van mijn moeder. Ik voel een grote verantwoordelijkheid voor ons gezin (mijn moeder en ik). De economie van Rusland na de val van de Sovjet Unie is in de jaren negentig in elkaar gestort. Er is gewoon geen ander werk in de stad. Plotseling komt iets op mijn pad. Een medestudent van de universiteit waar ik studeerde vroeg of ik handig genoeg zou zijn om de motor van zijn kapotte auto in elkaar te zetten. Ik voel de gelddruk vanuit thuis en mijn verantwoordelijkheid voor het gezin. Met tegenzin neem ik deze opdracht aan. De motor was uit zijn auto gehaald en lag compleet uit elkaar. Wij hebben een kleine vriendenvergoeding afgesproken. Ik heb de motor in elkaar gezet. Omdat ik echter onvoldoende ervaring met autoreparaties van dat type had, heb ik een onherstelbare fout gemaakt. De motor liep na de eerste start direct vast. De onderdelen van de motor viel niet meer te restaureren omdat ze al enkele keren gerestaureerd waren. Over dit feit heeft die medestudent tegen mij nadrukkelijk gelogen. Dat had ik nog voor mijn reparatie gevraagd. Ik zou een restauratie kunnen betalen maar dat was niet meer mogelijk. Nieuwe onderdelen kostten een vermogen. Ik kreeg ruzie met die medestudent. Ik stelde voor dat wij de kosten van nieuwe onderdelen zouden delen. Hij wilde dat niet. Hij heeft criminelen uit de locale maffia ingeschakeld. Ze gingen mij bedreigen en afpersen (dit heb ik al behandeld in een andere traumameditatie). Om de situatie op te lossen heeft mijn moeder veel geld tevoorschijn gehaald. Het bleek dat zij elke keer een bepaald bedrag van mijn taxi-inkomsten, dat ik haar gaf als boodschappengeld, apart legde. Dit is achter mijn rug om gedaan. Als ik had geweten dat wij nog geld hadden, had ik die klus nooit aangenomen. Zij heeft in feite over de geldsituatie thuis gelogen. Ik voelde mij verraden en bedrogen door mijn eigen moeder.

Ik grijp in. Ik vraag wat Filipp nu nodig heeft. Hij wil met zijn moeder gaan praten. Hij wil zijn ei kwijt en dat zij luistert. Ik zet de moeder tegenover Filipp. Hij begint over zijn gevoelens te vertellen. De moeder glimlacht, luistert niet en uiteindelijk draait ze zich om. Zij neemt hem niet serieus. Ik grijp weer in. Ik zet de moeder in de rechtbank. De rechtbank gaat over haar gedrag. Filipp mag nu naar voren komen en zijn gevoelens weer proberen te uiten. De moeder zit op de stoel voor ondervraagde personen. Zij glimlacht en luistert niet. De rechter zegt dat hij wil dat zij nu de gevoelens van Filipp serieus neemt en alle moeite doet om naar hem te luisteren. Met tegenzin doet zij dat. Filipp laat zijn hart opengaan en vertelt over hoe hij zicht voelt. Hij vertelt over zijn verdriet, pijn en zegt dat hij zich bedrogen en verraden voelt. De moeder ontkent dit allemaal. Zij zegt dat het allemaal verzonnen onzin is en begint te schelden. De rechter slaat met zijn hamer op de tafel en roept haar tot zwijgen. Zij gehoorzaamt. De rechter laat een getuige komen. De grote deuren gaan achter het publiek open en weer dicht. Er is niemand te zien. Enkele ogenblikken later komt een klein kindje naar voren. Dat was hijzelf die net binnenkwam. Omdat hij zo klein is konden wij hem tussen het publiek niet zien aankomen. Het is de vijfjarige Flipje. Hij ziet er slecht uit. Hij heeft blauwe schaduwen onder zijn ogen en hij is ontzettend verdrietig van datgene wat zijn moeder hem heeft aangedaan. Zijn moeder kijkt Flipje van boven denigrerend aan. Hij is een levend bewijs. De rechter confronteert haar hiermee. De moeder wordt woedend en agressief. Zij wil Flipje aanvallen. Filipp neemt hem in zijn armen om hem te beschermen. Twee politieagenten houden de doorgeslagen moeder tegen en drukken haar terug in de stoel. De rechter vraagt of ik nog iets wil zeggen. Filipp vraagt zijn moeder: 'Waarom haat jij mij zo erg? Ik wil het begrijpen.' Zij wordt weer woedend. Er komen bakken met verwijten over Filipp heen. Het is voor iedereen in de zaal duidelijk dat deze verwijten aan haar ex-man gericht zijn. De rechter zegt; dit is uw man niet! Dit is uw zoon! Bent u zich daarvan bewust?! Zij reageert daar niet op. Het lijkt alsof zij het contact met de realiteit heeft verloren en nu alleen met haar haat en woede bezig is. Zij ziet totaal geen verschil tussen de realiteit (haar zoon) en haar ex-man. Zij is nog steeds woedend en gaat door met verwijten. Ik voel nu heel goed het smeken om liefde van Flipje en de agressie van onze moeder. Flipje is erg bang. Iedereen kijkt Filipp en Flipje zwijgend aan. De rechter zegt dat het beter is als ik, de volwassen Philippe, de zorg voor Flipje voortaan op zich gaat nemen. Dat zal ik doen. Ik kijk naar mijn moeder en begrijp dat zij geestelijk ernstig ziek is.

15 februari

Ik kreeg een boze zakelijke email binnen van een bepaald persoon. Deze persoon heeft ooit een uitspraak over ons product gedaan in de krant. Omdat de uitspraak positief was, heb ik deze uitspraak van de krant overgenomen en op onze website gezet. Bij de uitspraak had ik naast de informatiebron ook een portretfoto en de naam van deze persoon vermeld. Precies zoals ook andere websites met deze persoon doen. Een half jaar later komt plotseling een emailtje binnen. Deze persoon zegt dat hij geen toestemming heeft gegeven om zijn uitspraak en foto op onze website te plaatsen. Hij vindt ook dat zijn naam hierdoor "gebruikt" is en dreigt met juridische stappen. Hoewel ik weet dat ik volledig in mijn recht sta, en niets onwettelijks heb gedaan, bied ik mijn excuses aan omdat ik de gevoelens van deze persoon begrijp en respecteer. Na een telefonisch overleg heb ik deze kwestie goed gemaakt met hem. Maar... dit heeft wel een enorm gevoel van onrust in mij opgeroepen. Als ik aandacht daaraan geef, dan voel ik een enorme angst die ergens vanbinnen uit mijn buik opstijgt en uiting in mijn keel zoekt.

Target-gevoel.

Mijn angst in mijn buik. Ik concentreer mij daarop.

Beeld

Ik zie een heel klein Flipje, niet ouder dan vier jaar. Hij is alleen in het donker. Het spookt rond hem heen. Hij is bang voor een heks en geesten die rond hem heen vliegen. Hij is bang voor het onbekende. Flipje denkt aan iets afschuwelijks wat nu met hem zou kunnen gaan gebeuren. Ik grijp in. Ik neem Flipje in mijn armen. Hij voelt zich meteen veel veiliger. Ik doe het grote licht aan. Wij staan midden in een grote sportzaal. Het voelt niet prettig hier. Ik vraag mij af wat Flipje nu nodig heeft. De heks! Die leeft nog! Die laat ik meteen tevoorschijn komen. Zij komt en vliegt rond ons heen. Ik neem een zwaard en hak haar in kleine stukjes. Dat helpt. Zijn angst wordt kleiner maar hij is nog steeds bang dat zij tot leven komt. Hij heeft gelijk. Ik zie een vinger aan haar afgehakte hand bewegen! Ik verzamel al haar restjes, stop ze in een afvalcontainer en doe het deksel op slot. Daarna laat ik meteen een vuilniswagen komen en de container afvoeren. Flipje is niet bang meer. Ik neem hem mee naar het trauma-paradijs.

Terug naar het target-gevoel

Beeld

Flipje heeft niet zo lang geleden leren lopen. Hij loopt nu naast zijn moeder. Een grote hond valt hem aan waarvan hij ontzettend schrikt en hij verstopt zich achter zijn moeder. De hond wordt onmiddellijk tegengehouden. Flipje is alleen maar heel erg geschrokken. Hij was bang voor het onbekende en wat die hond hem zou kunnen aandoen. Ik grijp in. Ik neem Flipje in mijn armen en geef hem mijn bescherming. Ik lijn die hond aan en geef hem aan een fietser die hem meeneemt. Hij verdwijnt uit het beeld. Flipje wordt rustig. Ik neem hem mee naar ons trauma-paradijs.

Terug naar het target-gevoel

Beeld

Flipje is 7 jaar. Hij en zijn moeder bevinden zich op een bedrijfsuitje van haar midden in een bos. Iedereen wil muziek. De bestuurder van de ingehuurde bus loopt naar zijn bus om voor wat muziek te zorgen. Flipje rent achter hem aan om een waterfles uit de bus te halen. De bestuurder stapt aan de linkerkant in de bus en steekt zijn arm uit om een cassetteband te pakken. Omdat die nog ver van zijn hand ligt in de tegenovergestelde hoek van het dashboard, wil Flipje helpen door de cassetteband op te pakken en aan hem te geven. Ik weet nog steeds niet waarom, maar de bestuurder geeft een harde klap op zijn hand. Van deze onverwachte reactie schrikt Flipje erg. Zijn hand doet zeer. Hij rent weg maar durft dat voorval niet aan zijn moeder te vertellen. Hij is bang dat zijn moeder boos op de bestuurder wordt. Flipje is in de war, onzeker en verdrietig. Hij is zonder reden door een onbekende gestraft. Het is oneerlijk! Ik grijp in. Ik laat Flipje wel over dit voorval aan zijn moeder vertellen. Zij wordt kwaad op de bestuurder. Zij gaat naar hem toe en scheldt hem uit. Hij zegt iets terug waarop zij hem begint te slaan. Het bedrijfsuitje is verziekt. Het ergste is dat het niets voor het gevoel van Flipje verandert. Ik doe het anders. Ik ga terug naar het moment wanneer de bestuurder de klap aan het uitdelen was. Op het laatste moment trek ik de hand van Flipje weg en zet een gloeiend hete koekenpan daarvoor in de plaats. De bestuurder slaat hard op de pan en verbrandt zijn hand. Dat kunnen wij heel goed horen. Dit werkt wel. Flipje voelt dat nu de onrechtvaardigheid is rechtgetrokken.

Terug naar het target-gevoel

Beeld

Flipje houdt van zijn mama en wil iets fijns voor zijn moeder doen. Pannenkoeken is het lekkerste wat men kan eten, toch? Zo denkt Flipje! Besloten! Hij gaat pannenkoeken voor mama maken! Zo gezegd zo gedaan. Mama is terug van haar werk en zij is erg boos. De keuken ligt in puin. De pannenkoeken zijn mislukt. Flipje staat in het midden van deze puinhoop en huilt van verdriet. Het is niet eerlijk! Hij heeft het goed bedoeld en nu wordt hij gestraft. Ik grijp in. Ik zet de moeder onder een koude douche. Ik zorg dat zij daar niet kan ontspannen. Flipje voelt zich veiliger nu. Ik maak de keuken snel schoon. Het glanst nu overal. Ik troost Flipje en geef hem veel liefde. Daarna neem ik hem naar ons trauma-paradijs.

Terug naar het target-gevoel

Beeld

Filipp is 14 jaar. Zijn moeder is aan het koken op onze veranda. Er is een woordenwisseling tussen hen, een enorme woede-uitbarsting. De moeder pakt een groot keukenmes en gooit het naar Filipp toe. Het mes gaat een paar centimeter langs zijn lichaam heen en steekt in de grond. Van schrik wordt hij helemaal stijf van de zenuwen. Hij is bang en verlamt van de angst. Hij vlucht. Filipp komt enkele uren later terug wanneer de woede van zijn moeder afgenomen is. Hij vraagt haar rustig of zij zich realiseert dat hij dood had kunnen zijn. Zij kijkt hem recht in zijn ogen en zegt met volle haat in haar gezicht: IK HEB JOU OP DE WERELD GEZET EN IK HEB ALLE RECHT OM JOU AF TE MAKEN! Zij meent dat. Het is ook de schuld van Filipp wat er gebeurd is, zegt zij. Hij schrikt van haar reactie en voel zich machteloos en onveilig. Hij snapt niet waarom zij hem zo erg haat. Diezelfde avond gebeurt er een ongeluk met zijn moeder. Zij laat een deksel van het luik in de vloer op haar vingers vallen, waardoor haar vingers tussen het luik en de opening komen. Zij schreeuwt van de pijn. Filip en zijn moeder zijn alleen in een buitenhuisje. Er is niemand in de buurt. Het is erg donker. Filipp is bang dat zijn moeder hem in zijn slaap dood zal steken. Ik grijp in. Ik vraag wat Filipp nu nodig heeft en ik krijg zijn antwoord. Ik laat een ambulance komen. Ze onderzoeken de vingers van de moeder en nemen haar mee. Wij doen alle deuren en ramen goed op slot. Filipp voelt zich nu veilig. Ik zorg voor goede verlichting in de kamer waar wij nu zitten. Ik blijf bij hem. Ik omarm hem. Zijn verdriet en spanning komen nu naar boven en hij begint te huilen. Wanneer hij bijkomt, neem ik hem mee naar ons trauma-paradijs waar hij wordt opgewacht door talloze Flipjes en zijn oma. Hij voelt zich nu thuis.

Terug naar het target-gevoel

Beeld

Het is 31 december, een nieuwjaarswisseling. Filipp is 13 jaar. Hij moet van zijn moeder een fles champagne openmaken. Een ongeluk; de dop vliegt met kracht uit de fles en maakt een ruit in keuken kapot. Ik zie dikke scheuren in de ruit. De moeder is kwaad, zij geeft Filipp de schuld. Filipp voelt zich verdrietig. Het is niet eerlijk wat zijn moeder nu doet. Ik grijp in. Ik zet de moeder onder de koude douche. Ik zet een nieuwe ruit in. Ik geef Filipp een omarming en neem hem mee naar ons trauma-paradijs.

25 februari

Ik heb een paar maanden geleden een ziekte-uitkering aangevraagd. Een week geleden kreeg ik een afwijzing. Mijn geestelijke pijn, lijden, trauma's en verdriet zijn niet erkend, net als al mijn psychische en lichamelijke klachten die mij s'nachts wakker houden en mij overdag intense vermoeidheid, hoofdpijn en slaap bezorgen. In feite heeft de verzekeringsarts, voor mijn gevoel, hetzelfde gedaan als wat mijn moeder altijd gedaan heeft. Mijn emoties waren onzin. Mijn verzinsels, zei ze altijd. Ik moest daarmee ophouden en iets "nuttigs" gaan doen. In feite komt de inhoud van de afwijzing op hetzelfde neer: Niet zeuren maar doen! Ik kan mij voorstellen dat andere mensen in mijn situatie zich niet begrepen, niet gehoord en afgewezen voelen. Zij worden onverschillig en vallen in een slachtofferrol waar ze nog jarenlang zullen blijven. Dit brengt ze nog verder weg van hun genezing en de arbeidsmarkt.

De afwijzing heeft veel met mij gedaan. Er is iets groots in mij wakker gemaakt. Een soort van verdriet of rouw. Ik voel mij geestelijk en lichamelijk verlamd. Ik ben kapotgeslagen. Ik heb nergens zin meer in. Ik ben totaal onverschillig tegenover alles rond mij heen. Na een week in deze toestand krijg ik mijzelf eindelijk zover dat ik ga mediteren.

Target-gevoel

Het gevoel in mijn keel.

Beeld

Ik zie een beeld. Flipje, niet ouder dan vijf jaar, zit op de vloer tussen zijn speelgoed. Ik hoor zijn moeder. Zij is woedend en agressief. Zij schreeuwt naar hem. Hij moet zijn speelgoed gaan opruimen. Hij krijgt klappen op zijn hoofd. Het doet pijn en zorgt voor veel verdriet. Hij begrijpt niet waarom zijn moeder zo liefdeloos en agressief naar hem toe reageert! Want hij houdt van haar!

Ik grijp in. Ik zet de moeder achter een glazen wand. Ik neem Flipje in mijn armen en geef hem veel liefde. Ik ruim zijn speelgoed in een grote kartonnen doos op. De doos staat niet, zoals anders, in de hoek van de woonkamer. De moeder is nog steeds woedend. Ik laat een ambulance komen. Twee ambulancebroeders nemen haar mee. Ik neem Flipje naar ons trauma-paradijs. Hij ziet zijn oma, rent naar haar toe en valt in haar armen. Hij begint hard te huilen. Deze keer van de geestelijke pijn en het verdriet. Hij schreeuwt uit de diepte van zijn buik om zijn liefdesverdriet. Flipje houdt zoveel van zijn moeder. Hij snapt niets van het gedrag van zijn moeder. Zij is liefdeloos en doet hem alleen maar pijn. Oma houdt hem vast, geeft hem liefde en kijkt mij aan. Wij begrijpen elkaar zonder woorden. Hij is nog te klein om nog iets te begrijpen. Langzaam kom hij bij. Alle kinderen verzamelen zich rond de oma om naar de nieuwkomer te gaan kijken. Zij voelen zijn pijn en hebben mededogen met hem. Zij wachten. Flipje houdt de jurk van zijn oma goed vast. Dat geeft hem een gevoel van veiligheid. Hij kijkt rond zich heen. Plotseling gaat zijn buikje borrelen en hij laat een harde boer. Iedereen ligt in een deuk. Het ijs is gebroken. Zij gaan nu samen spelen.

Terug naar het target-gevoel

Beeld

Flipje wordt weer geslagen door zijn moeder. Zij schreeuwt naar hem. Ik handel deze trauma op dezelfde wijze af.

Terug naar het target-gevoel

Beeld

Filipp is in de puberteit. De moeder wordt plotseling kwaad en erg agressief. Zij valt Filipp aan. Hij wordt geslagen. Haar verbale geweld is nog erger dan de slagen. Er komen bakken van haar haat op Filipp af. Zij zegt dat zij hem graag zou willen afmaken. Haar buien zijn voorbij. Ik laat ambulancebroeders komen en haar ophalen. Ik zie Filipp op de bank in zijn kamer zitten. Hij is geestelijk helemaal kapotgeslagen en is verlamd van shock. Hij voelt zich dood van binnen. Hij huilt niet. Ik ga naast hem zitten. Ik probeer hem te omarmen. Zijn lichaam voelt net aan als een platgeslagen biefstuk. Het is helemaal slap en zonder energie. Er is geen leven in zijn lichaam meer aanwezig. (Het voelt precies zo aan als de eerste week na de afwijzing van mijn ziekte-uitkering). Hij zegt: "Als zij niet van mij houdt, wat heeft het dan voor zin om nog te leven? Zij is de enige die ik heb en waarvan ik hou. Ik heb niemand anders in mijn leven." Ik houd hem omarmd. Ik zeg dat zijn moeder erg ziek is. Zij kan haar liefde niet uiten omdat zij erg met zichzelf in de knoop zit. Er zit diep in haar een klein meisje dat wel van jou houdt. Dat meisje is zo diep opgeborgen dat zij nooit de kans krijgt om haar liefde te uiten. Ik houd Filipp in mijn handen vast. Wij zitten nog lang op de bank. Ik besluit hem naar ons trauma-paradijs te nemen. Hij ziet oma, valt in haar armen en begint te huilen. Oma troost hem, geef hem liefde en zegt dat zijn mama ziek is. Het duurt nog lang voordat hij bijkomt.

28 februari

Al jaren verstopte ik de brieven van mijn moeder in een doos, weg van mijn ogen en mijn gevoel. Velen van deze brieven had ik snel en oppervlakkig gelezen toen ze binnenkwamen. Het gaf mij te veel pijn, stress, angst en verdriet om haar brieven zorgvuldig te bestuderen. Elk keer kreeg mijn lichaam een schokreactie als er een brief binnenkwam. Ik was stijf van de zenuwen en tegelijkertijd verlamd van angst alsof ik voor een leeuw stond. Mijn benen werden slap en mijn handen gingen trillen van de spanning. Dit was mijn reactie op haar brieven.

Nu heb ik haar brieven voor mij liggen. Ik heb ze allemaal met een elastiekje bij elkaar gebonden. Ik durf ze nog niet te lezen. Dat is nog een te grote stap. Ik voel een enorm verdriet in mijn keel opkomen. Ik ga daarop mediteren.

Target-gevoel

Het verdriet in mijn keel. Ik concentreer mij daarop.

Beeld

De eerste keer komen geen traumatische gebeurtenissen uit mijn verleden tot mijn bewustzijn. Ik hoor mijzelf roepen; mama, mama, ik mis jou. Ik voel veel liefde voor haar en die liefde kan ik niet uiten. Ik kan haar niet omarmen, ik kan haar geen kus geven en zeggen hoeveel ik van haar houd. Daarvoor in de plaats doe ik er alles aan om haar op grote afstand van mij en mijn leven te houden. (Ik voel nu dat ik toegang tot verborgen gevoelens heb. Ik sta op en ga achter mijn computer zitten.) Ik heb mijn telefoonnummer en emailadres veranderd omdat ik door haar niet geterroriseerd wou worden. Ik heb niet mijn nieuwe adres aan haar gegeven. Zij stuurt haar brieven naar het adres van de stiefvader van mijn vriendin. Dit omdat ik bang ben dan mijn moeder zomaar plotseling voor mijn deur staat en mij weer gaat manipuleren. Ik stuur haar zo weinig mogelijk brieven. Ik houd het ook heel erg kort omdat ik weet dat alle informatie die ik aan haar geef, tegen mij wordt gebruikt. Ik weet dat mijn moeder een enorm vermogen tot het manipuleren van mensen heeft. Ik heb enkele jaren geleden geprobeerd om het contact met haar te verbreken. Ik leefde toen al in Nederland.

Zij belde mij elke week en elke keer, één minuut lang om precies te zijn, spuugde zij haar frustraties en woede over mij uit, kleineerde en intimideerde mij, liet mij elk keer met een rotgevoel ("Het is JOUW schuld, Philippe dat Ik (mama) mij zo rot voel! Jij bent een slechte zoon. Jij luistert niet naar mama!") zitten. Voordat ik nog iets kon zeggen, hing zij op. Ik was elke keer weer in shock en het duurde een week voordat ik bij was gekomen. Dan belde zij weer en het circus begon weer opnieuw.

Na een aantal maanden kon ik het niet meer aan. Ik heb toen mijn sim-kaart doorgeknipt en een nieuw telefoonnummer genomen. Haar brieven stonden vol met haat en beschuldigingen. Ik heb haar leven verpest, ik ben een slechte zoon en dat dit allemaal mijn schuld is. Dit is een beknopte samenvatting van haar brieven. Ik heb besloten om haar niet meer te schrijven en geen contact meer met haar te hebben. Ik heb haar dat ook medegedeeld. Na een paar jaar kreeg ik plotseling een email van de Russische consulaat in Sint Petersburg:

Good morning, Sir!

This morning your mother, Violetta Izmailova has paid a visit to the visa department of the Consulate General of the Netherlands in St.Petersburg and asked us to help her as she lost any contact with you. This is her new mobile. Please,contact your mother as soon as possible.

All the best,

Consulate General of the Netherlands

Ik heb het consulaat teruggeschreven.

Dear Sir/Madam

I have not had contact with my mother for a couple of years due to a reason. My mother used to abuse me when I was a child. I have a lot of psychological problems in my life from my childhood and I am in a therapy at this moment. My mother has broken contact with me several times in the past. I do not want to have any contact with my mother and she knows that. So please stop helping her to look for me.

Kindest regards,

Philippe Izmailov

Een half jaar later werd ik opgebeld door een politieagent van de politie in Nederland: "Philippe, schrik niet. Ik heb hier een brief van jouw moeder liggen. Zij vraagt ons om jouw adres aan haar te geven. Ik weet niet wat ik hiermee moet doen. Ik heb nog nooit zoiets meegemaakt! Wij mogen jouw adres aan haar niet geven. Wat wil jij dat ik met haar brief ga doen?". Ik heb toen begrepen dat mijn moeder tot alles in staat is om mij weer in haar greep te krijgen. Ik heb haar toen geschreven. Zij schreef mij terug dat zij zo bang was dat zij mij had verloren. Sinds die tijd stuur ik haar af en toe een kaartje maar ik hou het kort. Ik hou haar op een grote afstand van mijn leven en mijn gevoelens. Dat is gedaan voor mijn eigen zelfbescherming. Inmiddels weet ik dat mijn moeder naast Bordeline ook een boeket van andere persoonlijke stoornissen heeft. Ik kan met mijn moeder niet praten. Zij luistert niet. Mijn gevoelens zijn onzin, een verzinsel volgens haar. Mijn trauma's kon ze zich doorgaans niet herinneren. 'Verzin geen onzin!' Zei ze. Wanneer zij mijn trauma's wel kon herinneren, gaf zij de schuld aan mij. Zij heeft altijd gelijk. Ik kan niet met mijn moeder communiceren. Ik kan mijn moeder niet veranderen. Ik voel mij machteloos. Zij speelt constant met mijn gevoelens. Mijn liefde voor haar heeft zij talloze keren misbruikt. Mijn liefde is mijn pijn geworden. Nu voel ik veel verdriet. Ik voel mij schuldig voor mijn eigen maatregelen die ik uit zelfbescherming heb genomen.

De cocktail van pijn, verdriet, machteloosheid en mijn liefde is een zeer moeilijke combinatie. De liefde fungeert in deze combinatie als brandstof voor de gevoelens van pijn, verdriet, machteloosheid. Ze worden constant gevoed met mijn liefde voor mijn moeder. Omdat de onvoorwaardelijke liefde van een kind voor zijn moeder iets onuitputtelijks is en in de menselijke natuur zit, ontstaat een kettingreactie van pijn, verdriet en machteloosheid. Meerdere keren ben ik succesvol geweest om deze kettingreactie te stoppen. Dat heb ik gedaan door mijn liefde achter de tralies van mijn boosheid te sluiten. Ik heb mijn liefde opgesloten. Het afsluiten van de brandstoftoevoer stopt de kettingreactie. Ik voel dan tijdelijk geen pijn, verdriet en machteloosheid. Blokkeren van het ene gevoel door het andere veroorzaakt veel spanning in mijn lichaam en mijn onderbewuste. Tegelijkertijd wordt de druk op de ketel zo groot dat mijn emoties hun uitweg gaan zoeken in mijn dromen en in mijn verschillende reactiepatronen. Op verschillende terreinen zoals zakelijke communicatie, mijn relatie of sociale contacten, reageer ik te vaak vanuit mijn emoties (boosheid, verdriet etcetera). Dit zorgt voor verstoring van contacten en grote spanningen in mijn geest en lichaam. Mijn onderbewuste is overladen. Ik droom veel, slaap slecht en voel mij constant moe. De liefde moet bevrijd worden. Ik moet een manier vinden om mijn liefde te uiten zonder dat mijn moeder opnieuw mijn gevoelens gaat manipuleren. Ik ga mijn liefde op papier uiten.

De brief aan mijn moeder.

Lieve mama. Wanneer ik mijn liefde voor jou voel, voel ik verdriet. Er is geen liefde meer zonder verdriet. Ik wil jou zo graag omarmen maar ik kan het niet. Ik heb te veel pijn in het verleden geleden die mij nu ervan weerhoudt om jou te omarmen. Jij zal nu erg verbaasd zijn. 'Welke pijn? Waar heeft hij het nu in godsnaam over?' Zo zal jij denken. Dat snap ik. Jij leeft in jouw droomwereld die net naast de wereld van de realiteit zit. Soms raken ze elkaar aan en dan weet jij sommige gebeurtenissen te herinneren.

Ik weet uit mijn ervaring dat het geen zin heeft om jou uit leggen waar mijn pijn en verdriet vandaan komen. Ik zal nu alleen zeggen dat het komt door datgene wat in mijn jeugd gebeurd is. Jij zal het niet begrijpen. Jij zal weer verbaasd zijn omdat jij jezelf altijd een goede moeder hebt gevonden. Ik zal niet over jou oordelen. Ik probeer mijzelf te overtuigen dat jouw gedrag door jouw geestelijke ziektes komt. Jij zal alweer verbaasd zijn. 'Waar heeft hij het in godsnaam over?' Denk jij nu. Ik weet dat jij jezelf als een intelligente vrouw beschouwt. Veel gebeurtenissen zijn uit jouw geest gewist en de andere zijn in jouw geest niet welkom. Ik kan jou met mijn pijn, verdriet en liefde niet bereiken. Ik krijg het niet uitgelegd en jij zal het nooit kunnen begrijpen omdat je het niet kunt voelen. Niet omdat jij het niet wil, maar omdat jij dat niet kan. De grenzen van jouw wereld zijn goed bewaakt. Ik kan niet binnenkomen. Sinds mijn geboorte voel ik een enorme emotionele afstand tussen ons, die alleen maar groter werd naar mate ikzelf groter werd. Ik mag niet bij jouw gevoel komen. Niemand mag bij jouw gevoel komen, inclusief jezelf. Ik kan geen liefde van jou voelen. Het doet mij veel pijn en verdriet. Ik hou van jou. Ik voel dat de tijd die wij hier samen op de aarde hebben doorgebracht bijna voorbij is. Jij bent nu 72 jaar oud en hebt niet zoveel tijd meer om te leven. Ik voel dat ik jou langzaam aan het verliezen ben. Het is een zeer pijnlijk proces. Ik voel mij machteloos en erg verdrietig. Ik zal waarschijnlijk jou nooit meer zien. Ik ben in de rouw, hoe vreemd dat ook klinkt want jij leeft nog. Ik voel mij schuldig dat ik jou niet kon redden, redden van jouw ziekte. Ik weet gewoon niet hoe ik dat moet doen. Ik huil nu. Ik kon jarenlang niet om jou huilen. Ik heb mijn pijn en liefde jaren lang diep verborgen gehouden. Ik zou graag de rest van mijn leven willen inruilen voor een paar jaar van een gelukkig leven met jou. Ik hou van jou. Vergeef mij alstublieft, vergeef mij.

Ik zal voor altijd van jou blijven houden.

Jouw zoon.

Ik heb mij eindelijk na al die jaren zover gekregen om mijn gevoelens op papier te zetten. Ik realiseer mij dat DIT het einde is. That's it! The story is over! Haar dood is in tijd een uitgesteld feit. Ik voel mij nu alsof ik een afscheidsbrief heb geschreven. God, wat gebeurt er nu in mijn geest!?

29 februari

Ik voel verdriet. Ik weet dat het verdriet over mijn moeder gaat. De afgelopen jaren heb ik mijn best gedaan om boos op mijn moeder te blijven. De boosheid zorgde ervoor dat ik geen liefde voor mijn moeder voelde. Na mijn trauma-meditatie is mijn boosheid verzwakt en het heeft plaatsgemaakt voor het echte gevoel dat niet gevoeld mocht worden. Ik voel liefde en verdriet. Dat zijn twee twee kanten van een medaille. Zij gaan samen door het leven. Het verdriet komt door de afstand tussen ons, mijn machteloosheid voor haar ziekte en mijn liefde die ik niet kan uiten. Ik besluit mijn verdriet en mijn liefde niet meer te ontlopen, te ontkennen of die ergens te verstoppen. Ik ga de liefde voor mijn moeder elke dag opnieuw voelen. Elke dag goed doorvoelen! Ik weet dat dit onmogelijk is zonder daarnaast mijn verdriet te voelen. Dat is en blijft voorlopig een groot deel naast mijn liefde. Dat verdriet mag er zijn. Nu neemt mijn verdriet nog de allergrootste plaats in beslag en laat voor de liefde slechts een kleine ruimte over. Ergens vanbinnen weet ik dat de verhouding tussen de liefde en het verdriet met de tijd zal veranderen. De weg daarnaar toe ligt door het voelen. Elke dag opnieuw, voelen! Hoe pijnlijk het ook is. Er moet iets zijn wat ik aan de afstand tussen ons en mijn machteloosheid kan doen. Ik kan mijn moeder niet veranderen. De enige manier om met haar veilig over mijn gevoelens te communiceren is brieven aan haar schrijven. Alle andere opties (persoonlijk gesprek, telefoon, email) die ik meerdere keren geprobeerd heb, hebben tot manipulaties, chantage en nog meer pijn geleid. Mijn moeder is niet in staat om gesprekken over gevoel te hebben. Zij heeft geen inlevingsvermogen, voelt geen medelijden, laat staan mededogen en kan niet luisteren. Ik ga haar schrijven. Zo vaak mogelijk!

Hoe ik veranderd ben

Zoals je leest, heb ik mijn 'Vliegende Hollander' behoorlijk opgeschoond. Net als de graaf van Monte-Cristo ben ik uit de gevangenis van mijn nare emoties ontsnapt. Van veel van mijn Philippe-reacties ben ik voorgoed afgekomen. Ik voel mij veel lichter dan vroeger. Ik voel mij opgelucht. Het grootste deel van mijn bagage ben ik kwijt. Ik voel weer innerlijke ruimte en rust in mijzelf. Ik voel vreugde. Wanneer deze innerlijke ruimte weer leegkomt wordt deze automatisch gevuld met andere positieve emoties.

In mijn jeugd ging ik helemaal uit mijn dak van de muziek van Bon Jovi, Roxette en Celine Dion. Ik kon hun muziek voelen. Dat was voor mij op een gegeven moment niet meer mogelijk. Jarenlang kon ik niet meer van mijn favoriete muziek genieten. Het deed mij niets. Nu zijn mijn fijne emoties teruggekomen. Wanneer ik hun muziek hoor gaan mijn emoties, net als gitaarsnaren, met de muziek meespelen.

Do's en don'ts van trauma-meditatie

Lees dit hoofdstuk goed door voordat je aan een trauma-meditatie begint. Je dient in elk geval, voor je begint een mechanisme van "de trauma-katapult" voor de bescherming van je eigen geest te maken.

> ➤ De trauma-katapult is net als een schietstoel die zijn piloot uit het crashende vliegtuig katapulteert, het brengt je geest snel in veiligheid. Wat is de trauma-katapult in de trauma-meditatie? De trauma-katapult is een ervaring uit je verleden die een extreem sterke positieve emotie bij je oproept. Denk aan een ervaring wanneer je in een deuk ligt van het lachen. Je moet zo lachen dat je tranen in je ogen krijgt of zelfs moet plassen. Deze extreem sterke positieve emotie zal je als een schietstoel uit de beleving van je traumatische ervaring katapulteren.

Mijn trauma-katapult is een ervaring op school. Ik zat in de les met een klasgenootje. Onze lerares was woest over het gedrag van sommige leerlingen in de les. Zij was aan het schreeuwen. Omdat zij zo kwaad was, was iedereen in de klas stil. Het was zo stil dat je zelfs een mug in de klas kon horen rondvliegen. Juist op dat zeer ongelegen moment kreeg ik de slappe lach. Ik deed mijn best om mijn lach in te houden, wat je op mijn gezicht duidelijk kon zien. Mijn klasgenootje zag mijn lijdend gezicht en kreeg ook de slappe lach die hij probeerde in te houden. Hij begon mij tekens te geven dat ik moest ophouden. Van zijn tekens kreeg ik het alleen nog moeilijker. Het inhouden van mijn lach viel mij zo zwaar dat ik op mijn lip ging bijten om niet in lachen uit te barsten. Zo zaten wij nog een kwartier, lijdend door onze ingehouden lach, voordat de pauze kwam en wij buiten het lokaal eindelijk in lachen konden uitbarsten. Ik had mijn lip tot bloedens toe doorgebeten. Deze emotie van ingehouden slappe lach is bij mij zo extreem sterk dat die mij uit de beleving van elke trauma weghaalt. Wanneer je de controle over je emoties verliest, trek je aan de rode grendel van je trauma-katapult.

➢ Om trauma-meditatie succesvol te kunnen gebruiken dien je twee essentiële zaken goed te beheersen.
De eerste: Je moet jezelf in een lichte slaap kunnen brengen zoals dat uitgelegd is in de take-off procedure. De slaap moet diep genoeg zijn om je trauma's uit je onderbewuste te kunnen oproepen. Daarbij moet je je bewustzijn niet verliezen. Je moet rationeel kunnen blijven denken. Dit is een kwestie van training.
De tweede is afstand nemen van je nare emoties. Je moet jezelf goed van je nare emoties kunnen scheiden en daarbij rationeel blijven denken. Deze twee essentiële zaken moet je goed kunnen uitvoeren voordat je aan een

trauma-meditatie begint.

> De emotionele staat van je vlieginstructeur moet altijd neutraal, onafhankelijk en onpartijdig blijven. Maar hoe doe je dat?
> Bij het loskoppelen van je nare emoties is het belangrijk om geen medelijden met jezelf te hebben. Anders zal je meegesleept worden door je nare emoties. Daardoor ga je vastlopen in het proces van trauma-meditatie. Heb mededogen met je leerling, geen medelijden!

> Een trauma-programmering is een creatief proces. Zodra je een beeld van een trauma krijgt, moet je het niet wegduwen. Beleef je trauma opnieuw. Sta stil bij de emoties die het trauma in je oproepen. Wat zijn die emoties? Vraag het jezelf. Wat heeft de leerling nu nodig? Vaak kun je dat intuïtief aanvoelen. Weet je dat niet? Denk aan een soortgelijke situatie zoals je die op straat zou tegenkomen. Wat zou je doen als je zou zien dat een moeder met verbaal geweld haar kind bewerkt? Dit is je antwoord. Is de leerling al groot genoeg? Vraag hem wat hij nu nodig heeft. Dat kan een handeling, een actie, een voorwerp of iets anders van jouw kant als vlieginstructeur zijn. Zet het in. Voel wat het met de emoties van je leerling doet. Helpt het? Wordt de sterkte van zijn emoties minder? Ga door. Werkt het niet, verzin dan iets anders. Zorg dat je handeling een (positieve) sterke

emotie(s) bij de leerling oproept. De positieve emotie moet sterker zijn dan de nare emotie. Soms helpt het om de nare emotie als een stenen muur in stappen af te brokkelen. Dan creëer je ter plaatse een reeks van handelingen die uiteindelijk tot het verdampen van de nare emoties leiden. Dat doe je op de trial-and-error manier. Trial-and-error (Engels voor 'proberen en missen', is een manier om een oplossing te vinden).
Ik geloof dat elk kind onder de tien jaar dit creatieve proces beheerst. Denk aan een kind dat overstuur van de basisschool thuiskomt omdat er iets tussen hem en zijn klasgenootjes is gebeurd. Hij is emotioneel en wil zijn nare emoties kwijt. Hoe doet hij dat? Hij zal in zijn verbeelding situaties creëren waarin hij zijn nare emoties kwijt kan. Of hij zal zijn nare emoties in een spel uitspelen. Dit zit voorgeprogrammeerd in onze natuur.

➢ Tijdens de trauma-meditatie kunnen trauma's tot je geest komen die zulke nare emoties oproepen dat je overweldigd wordt en de controle over je nare emoties verliest. Het lukt je dan niet om je nare emoties van jezelf los te koppelen. In dat geval: gebruik de trauma-katapult.

➢ Voel je angst voor het onbekende? Ben je onzeker of je een "opgedoken" trauma aan zal kunnen? Houd dan tijdens je trauma-meditatie een voorwerp in je armen dat je het gevoel van veiligheid geeft. Dat kan een knuffel zijn of iets anders. Of denk aan een voorwerp van je dierbare of je familielid die altijd om je geeft (gaf). Het belangrijkste is dat je je daarbij veilig voelt.

➢ Na een aantal trauma-meditatie's gaat de ijsberg van nare herinneringen smelten. Er zullen steeds nieuwe herinneringen en/of emoties naar boven komen. Je weet van tevoren niet wat je tegen zult komen. Laat die nieuwe emoties komen, beleef ze in je geest. Duw ze niet weg. Nare herinneringen en emoties behandel je in de trauma-meditatie.

➢ Houd een logboek bij. Schrijf elke ervaring in je trauma-meditatie op. Schrijven heeft een genezende werking.

➢ Hoe vaak kun je de trauma-meditaties doen? Dit is afhankelijk van een aantal factoren. Na mijn trauma-meditatie met "kerosine" ben ik een aantal weken ziek geweest. Ik kon geen enkele trauma-meditatie doen. Bij andere trauma-meditatie's waren mijn trauma's niet zo ingrijpend en daarom kon ik zelfs twee á drie trauma-medita-tie's per week doen. Mijn advies: Ga niet te snel! Je kunt niet alle organen in je lichaam tegelijk opereren. Bij elke trauma-meditatie open je een wond in je geest. Je behandelt die en plakt er een pleister overheen. Daarna laat je het aan de natuur over. Met de tijd moet je wond dichtgroeien. Geef dus voldoende tijd voor dit proces. Neem een lange pauze voordat je aan je volgende trauma-meditatie begint. Begin met maximaal één trauma-meditatie per week.

Waarvoor kun je de trauma-meditatie gebruiken?

De trauma-meditatie kan succesvol ingezet worden bij het verwerken van nare emoties, Philippe-reacties en het verzachten van een beleving van fysieke gevoelens zoals pijn.

Nare emoties

- ☑ Faalangst
- ☑ Spreekangst
- ☑ Andere angsten
- ☑ Schuldgevoel
- ☑ Verdriet
- ☑ Walging
- ☑ Ongeduld
- ☑ Wanhoop
- ☑ Afgunst
- ☑ Haat
- ☑ Jaloezie
- ☑ Schaamte

- ☑ Verwijt
- ☑ Wanhoop
- ☑ Woede

Philippe-reacties (reactiepatronen, gedrag en houding)

- ☑ Je kunt niet tegen kritiek. Je schiet snel in de verdediging
- ☑ Je voelt je snel aangevallen
- ☑ Je reageert overdreven emotioneel op sommige situaties, mensen of uitspraken
- ☑ Je irriteert je aan sommige mensen of hun gedrag
- ☑ Je mag iemand niet, zonder dat je de reden daarvan weet
- ☑ Je bent een controlefrik. Je vermijdt fouten
- ☑ Je voelt je overdreven verantwoordelijk voor de ander
- ☑ Je kunt sommige dingen moeilijk loslaten. Je

blijft erin steken en piekeren

- ☑ Je voel je erg kwetsbaar in bepaalde situaties zonder een duidelijke reden
- ☑ Je voelt je onveilig in bepaalde situaties zonder een verklaarbare reden
- ☑ Je hebt gebrek aan zelfvertrouwen
- ☑ Je voelt je onzeker in bepaalde situaties
- ☑ Je schiet in de stress in bepaalde situaties

Fysieke gevoelens

Wat gebeurt er met mensen als ze pijn hebben? Zij lijden. Het ervaren van de pijn bestaat uit twee delen, namelijk een fysiek gevoel van de pijn en een emotionele beleving van de pijn. Dat laatste maakt het lijden erger. Door de trauma-meditatie kan emotionele beleving veranderd worden. Een voorbeeld. Ik kreeg altijd angst wanneer ik misselijk werd. Mijn angst maakte mijn beleving van de misselijkheid veel erger. Van de angst gingen mijn spieren zich inspannen waardoor ik nog erger misselijk werd. Achter mijn angst zat een reeks van trauma's die ik succesvol behandeld heb in de trauma-meditatie. Daarmee heb ik mijn misselijkheid van de angst losgekoppeld. Ik kan nu gewoon misselijk zijn zonder angst te voelen. De misselijkheid is vervelend, maar ik lijdt daar niet meer zo erg van.

De fysieke pijn kun je door middel van de trauma-meditatie niet verzachten. Maar je kunt wel de emotionele beleving (bijvoorbeeld lijden) verlichten.

Voorbeeld van fysieke gevoelens:

- ☑ Pijn
- ☑ Misselijkheid
- ☑ Vermoeidheid

Fysieke gevoelens, nare emoties en emoties die worden opgeroepen door de Philippe-reacties kunnen in de trauma-meditatie als een target-gevoel dienen.

Laten wij een thema voor de trauma-meditatie nemen. Het meest voorkomende probleem bij mensen is geldzorgen.

Geldzorgen verlichten

Laten wij gaan kijken wat het woord "geldzorgen" inhoudt. Geldzorgen bestaan uit een financieel probleem en de emotionele beleving daarvan. Je financiële probleem is een feit. Je emotionele beleving is je reactie op dit feit. Hierna ga ik uitleggen hoe je je geldzorgen kunt verminderen.

Een financieel probleem

Een financieel probleem zelf zorgt slechts voor een deel van je geldzorgen. Het is heel belangrijk om voor je geest dit feit zo inzichtelijk en helder mogelijk te maken.

Zet de volgende stappen:

Stap 1. Maak je financiële situatie inzichtelijk. Het moet een schilderij voor je geest worden. Wat zijn je inkomsten? Wat zijn je uitgaven? Wat houd je per maand over? Wat kom je tekort? Om op deze vragen een antwoord te krijgen kun je via mijn website een huishoudboekje verkrijgen. De naam van deze website kun je vinden in het Nawoord.

Stap 2. Wat is het probleem precies? Wat is het ergste wat kan gaan gebeuren? Daar zullen oogstwaarschijnlijk verschillende scenario's voor zijn.

Stap 3. Maak een actieplan voor elk scenario. Welke stappen kun je ondernemen om uit geldnood te komen? Het is zeer belangrijk dat je elk scenario op papier zet.

Maak nu van elk scenario een tekening. Bijvoorbeeld: Door geldproblemen moet je afstand van je geliefde auto doen. Teken jezelf en je auto. Nu komt het allerbelangrijkste moment. Vraag jezelf; wat voel ik nu? Welke emoties roept het in mij op? Dat zijn die nare emoties die voor je (geld)zorgen verantwoordelijk zijn. Noteer deze nare emoties. Die heb je straks voor je trauma-meditatie nodig.

Emotionele beleving

Uit mijn ervaring kan ik zeggen dat een financieel probleem op zichzelf minder zwaar telt als de beleving daarvan. Het zijn de emoties die het probleem zo zwaar en donker maken. Als je bij de wortel van die nare emoties komt, ontdek je je angst. Een angst om te verliezen, een angst om te falen, een angst om het verminderde welzijn van je dierbare(n), etcetera. Uiteindelijk besef je dat, hoe erg je financiële problemen ook mogen zijn, jij niet dood zal gaan. Je hebt je actieplan voor elk scenario gemaakt. Je weet wat je moet of kunt doen. Maar waarom blijf je dan piekeren en je zoveel zorgen maken? Uit mijn eigen ervaring weet ik dat mijn zorgen uit twee bronnen komen. Dat zijn mijn nare emoties uit het verleden en mijn onzekerheid over de toekomst. Mijn onzekerheid over de toekomst wordt als het ware gevoed door mijn nare emoties. Mijn onzekerheid is net als een in de fik gestoken oliebron, deze blijft branden zolang de olie in de bron aanwezig is. Die brandende olie vertegenwoordigt mijn nare emoties uit het verleden die hun uitweg zoeken. Of kort samengevat, het vuur van mijn onzekerheid blijft branden zolang de olie van mijn nare emoties in de put van mijn verleden aanwezig is.

Met de trauma-meditatie kun je je nare emoties uitdrijven. Dit zal je geldzorgen verlichten. Hiervoor heb ik een paar voorbeelden uitgezocht:

15 december

Ik ben net terug van mijn psychologe Jennifer. Zij vertelde mij dat de dekking van het basispakket van de zorgverzekering per 1 januari gaat veranderen. Dat betekent dat ik voor haar diensten een eigen bijdrage van € 200,- per jaar moet gaan betalen. Naast het eigen risico van € 220,- komt het totaal bedrag op € 420,- per jaar. Het is bijna de helft van mijn maandelijkse uitkering. Dit is veel geld voor mij. Ik maak mij veel zorgen. Ik weet nog niet of ik dit enorme bedrag zal kunnen ophoesten.

Ik ben nu thuis. Als ik mijn geldzorgen probeer te verwerken, voel ik een enorm gevoel van verdriet.

Target-gevoel

Het gevoel van verdriet. Het zit vast in mijn keel. Ik concentreer mij daarop.

Beeld

Ik zie een klein Flipje, niet ouder dan vijf jaar. Hij is overstuur en aan het huilen. Moeder is woest. Zij geeft een enorme klap op zijn hoofd waardoor hij nog erger gaat schreeuwen. Hij is helemaal overstuur en in shock.

Ik grijp in. Ik pak de moeder in met inpakplastic en maak haar aan de muur vast. Zij is in het vacuüm en kan niets meer doen. Ik maak een gat bij haar mond en neus zodat zij kan ademen. Haar woede laat zich niet kalmeren.

Ik neem Flipje in mijn armen en geef hem liefde. Hij huilt en roept naar Baba (oma). Ik houd hem nog even in mijn armen. Daarna gaan wij naar ons trauma-paradijs. Oma ontvangt hem met liefde. Ik kijk rond. Tientallen Flipjes van verschillende leeftijd spelen in en rond het water. Ik ga naar hen toe. Zij vliegen allemaal op mij af. Zij zijn erg blij om mij te zien. Als aapjes hangen zij aan mijn armen, schouders, nek en benen. Zij slepen mij het water in. En dan begint het… Het grote spel! Wolken van het opgespatte water hangen om mij heen. Wij maken veel plezier met elkaar. Ze zijn helemaal gelukkig en willen eindeloos doorgaan. Ik realiseer mij dat ik hun in mijn dagelijkse leven meer aandacht moet geven. Flipje, die ik naar oma gebracht heb, wil haar niet loslaten. Hij zit op haar knie en grijpt haar jurk met zijn handjes vast, maar zijn aandacht is volledig in beslaggenomen door het spelen in het water. Het liefst zou hij meteen daar naartoe willen rennen, maar het gevoel van veiligheid dat hij bij oma heeft houdt hem tegen. Ik sta in het midden van het waterspel. Het duurde niet lang meer voordat hij haar loslaat. Hij rent naar mij toe, omarmt mijn been en begint met één handje mee te doen in het spel. Het is goed nu. Dat voel ik!

Terug naar het target-gevoel

Het gevoel van verdriet is er nog steeds maar minder geworden. Ik concentreer mij daarop.

Beeld

Ik zie Filipp, dertien tot vijftien jaar. Er is ruzie in huis. Zijn moeder is kwaad. Hij wil voor zichzelf opkomen. Dat maakt haar alleen maar woedender. Uiteindelijk zegt zij: "Oprotten jij, uit mijn huis! Jij bent mijn zoon niet meer!" Filipp wordt buiten de deur gezet. Het is laat, donker en koud (het is eind december). Hij kan nergens heen. Hij gaat naar het flatgebouw ertegenover en gaat in het trappenhuis op een betonnen trap zitten. Het is erg koud binnen. Het trappenhuis wordt niet verwarmd. De verwarming was hier ooit gesprongen en sindsdien niet gerepareerd. Je kunt een pak van ijs op de radiatoren zien. Het is erg donker. Hij voelt de kou van de betonnen trap. Hij is erg verdrietig en heeft dat rotgevoel in zijn keel.

Ik ga ingrijpen. Ik probeer hem te omarmen. Hij weigert dat meteen. Hij is te groot daarvoor! Ik ga naast hem op de trap zitten. Ik kan niets doen. Ik luister alleen maar. Plotseling begint hij te praten: 'Ik begrijp niet waarom zij mij zo erg haat. Waarom? Ik doe zo mij best maar zonder enig resultaat. Ik heb niemand behalve haar. Waarom ben ik in deze situatie en in dit liefdeloze leven? Wat heb ik misdaan? Ik snap er helemaal niets van. Waarom? Waarom toch? (Ik voel enorm veel verdriet en een geestelijke pijn opkomen). Hij begint te huilen. Ik probeer hem te omarmen, het lukt niet zo goed. Plotseling zie ik Yvon (mijn huidige vriendin). Zij omarmt hem en geeft hem een kus op zijn voorhoofd. Zij houdt haar lippen daarop en geeft hem veel liefde. Van binnen is Filipp totaal uitgewoond. Hij heeft totaal geen energie meer en is helemaal leeg. Ik probeer hem moed in te praten en wat van mijn energie te geven. Ik zeg dat zijn moeder en deze situatie slechts tijdelijk is en dat hij deze tijd moet overbruggen (overleven). Uiteindelijk komen zijn emoties tot rust. Hij accepteert de situatie zoals die is. Het voelt hetzelfde alsof je dierbare dood is en je hebt het nu geaccepteerd. Wij brengen hem naar huis en nemen afscheid. Het is rond twee uur in de ochtend. Hij belt aan. Zijn moeder opent de deur en kijkt hem afkeurend aan. In haar blik zie ik dat zij zich afvraagt of Filipp eindelijk (geestelijk) gebroken is of niet? Want DAT wil zij graag.

Filipp mag meteen naar bed…

Nacontrole van mijn target-gevoel

Het is goed nu. Ik voel geen verdriet meer. Maar ik voel dat ik nog tijd nodig heb om deze wond te laten dichtgroeien. De natuur zal het vanaf nu van mij overnemen.

Opeens kan ik mijn geldzorgen loslaten. Ik zei het wel, zeg ik tegen mijzelf. Ik heb daarover nu een rustig gevoel.

30 januari

Ik heb net op het nieuws gehoord dat de tarieven van de Nederlandse tandartsen per 1 januari vrijgegeven zijn. Dat betekent dat er geen limiet meer bestaat op hun tarieven en ze zelf hun tarieven kunnen bepalen. In Rotterdam vraagt een tandarts €140,- voor het vullen van een gaatje. Dit is drie keer meer dan het wettelijk vastgestelde standaardtarief voor 1 januari. Ik voel onzekerheid over de toekomst. Mocht ik kiespijn krijgen en een wortelkanaalbehandeling nodig hebben, hoe ga ik dat dan betalen? Ik maak mij veel zorgen daarover. Als ik bij mijn gevoel stil sta, voel ik verdriet in mijn keel. Als ik mijn aandacht daarheen breng, dan voel ik een benauwd, paniekerig gevoel.

Target-gevoel

Het gevoel in mijn keel. Ik concentreer mij daarop.

Beeld

Ik zie mijzelf. Ik ben niet ouder dan vijf jaar en verdwaalt in een bos, ergens in Siberië. Zoals bekend, zijn de bossen in Siberië zo groot dat men daar honderden kilometers lang niemand kan tegenkomen. Verdwalen in zo'n bos kan je dood betekenen. Ik zie niemand. Ik weet niet wat ik moet doen. Ik ben in paniek en voel een enorme spanning. Ik grijp in. Ik neem Flipje in mijn armen en geef hem mijn liefde. Hij begint zich veilig te voelen en wordt rustig. Ik breng hem naar zijn moeder. Zij is zich er niet van bewust wat er met Flipje is gebeurd. Zij zit achter de tafel met anderen te kletsen. Flipje voelt zich nu veilig.

Terug naar het target-gevoel

Beeld

Ik zie Flipje, niet ouder dan vijf jaar. Hij is alleen op straat. Hij weet niet waar zijn moeder is. Hij is in paniek, gespannen, staat op het punt om in huilen uit te barsten. Ik neem hem in mijn armen en geef hem mijn liefde. Hij wordt rustig en ontspant zich. Ik breng hem naar zijn moeder.

Terug naar het target-gevoel

Beeld

Ik zie Flipje, erg verdrietig, overstuur, aan het huilen. Zijn moeder zegt dat hij niet moet huilen. Zij is gelukkig niet boos en niet agressief. Uiteindelijk neemt zij hem in haar armen en Flipje wordt rustig.

Terug naar het target-gevoel

Beeld

Ik zie Flipje. Hij wordt op zijn hoofd geslagen door zijn moeder. Het doet erg pijn (ik kan precies de plek boven op mijn hoofd voelen waar zij hem heeft geslagen). Zij is agressief en schreeuwt heel hard. Zij scheldt hem uit, kleineert en intimideert hem. Zij zegt ook dat hij op haar zenuwen speelt en dat zij hem graag zou willen afmaken. Zelfs als zij daarna in een gevangenis zou komen, zou zij daar geen spijt van krijgen. Ik grijp in. Ik maak haar hand vast met een handboei aan een deurklink van onze kast. Zij is zo woedend dat zij het deurtje van de inbouwkast afrukt. Ik maak haar vast met handboeien aan de muur. Zij wil niet kalmeren. Zij lijkt op een wilde tijger die net gevangen is. Zij kookt van woede. Ik neem Flipje in mijn armen en geeft hem veel liefde. Zijn hoofd doet pijn. Hij voelt zich niet veilig omdat zijn moeder zo heel erg woedend is. Ik pak een grote bus van scheerfoam. Met deze bus spuit ik de moeder helemaal in. Wij kunnen alleen haar neus tussen het witte schuim zien. Zo kan zij nog ademen. Ik neem Flipje naar het trauma-paradijs waar hij opgevangen wordt door zijn oma. Zij geeft hem veel liefde. Hij voelt zich nu goed.

Terug naar het target-gevoel

Beeld

Flipje is in de zee aan het spelen. Er komt een grote golf aan. Flipje is in paniek en verdrinkt bijna. Hij krijgt water in zijn neus, zijn keel. Hij stikt bijna door het water. Hij hoest. Ik neem hem in mijn armen. Hij blijft hoesten. Er komt veel water uit zijn mond. Langzaam wordt hij rustig. Ik geeft hem een sapje. Hij drinkt graag. Ik neem hem mee naar ons trauma-paradijs. Hij is erg blij om oma weer te zien.

Terug naar het target-gevoel

Beeld

Flipje is aan het hikken. Het is heel erg. Zijn hele lichaam spant zich. Het gaat niet over. Ik neem hem in mijn armen en geef hem liefde. Hij ontspant zich. Langzaam gaat het over. Daarna neem ik hem mee naar ons trauma-paradijs.

Nacontrole van mijn target-gevoel

Mijn target-gevoel is verdwenen.

Proces van vergeven en loslaten

Uit eigen ervaring kan ik zeggen dat er twee types van 'boosdoeners' in mijn trauma's zijn. De boosdoeners zijn mensen die mij in het verleden iets aangedaan hebben. Type één is een vreemde. Dat is een persoon waar ik geen emotionele band mee had. Bijvoorbeeld een jongen van mijn school die mij pestte en geen vriend van mij was. Het tweede type is een persoon waarmee ik wel een emotionele band had. Bijvoorbeeld mijn moeder waarvan ik hou of een goede vriend die ik vertrouwde. De emotionele band is dus de liefde voor mijn moeder en het vertrouwen in mijn vriend.

Met type twee had ik dus voor het trauma een emotionele band. Die emotionele band heeft de nare emoties nog intenser en erger gemaakt. Juist door die emotionele band heeft het de traumaverwerking zo moeilijk gemaakt. Voor type twee heb ik dus een extra stap in mijn traumaverwerking moeten zetten. Deze stap heet "vergeven". Hoe doe je dat, heb ik mij afgevraagd. Hoe vergeef je iemand? Vergeven is een proces. Ik zal dit proces voor je uiteen zetten.

Ik kon mijn moeder niet vergeven omdat ik boos op haar was. Waarom was ik boos? Daar had ik twee redenen voor. De eerste reden zijn mijn trauma's die constant voor de aanvoer van nare emoties zorgden. De tweede reden is de pure gedachte; "waarom heeft zij zo gehandeld waardoor deze trauma's zijn ontstaan!? Ik begrijp haar gedrag niet." Omdat deze gedachte constant met mijn nare emoties gevoed worden, blijf ik in een vicieuze cirkel draaien. Ik probeer haar te begrijpen en dat roept dan weer die nare emoties op. Deze emoties versterken mijn gedachte. Ik kan het niet loslaten. Mijn gedachtes roepen weer de nare emoties op en zo begint dit proces opnieuw van voren af aan. Ik lijk op een rennende muis in een tredmolen. Hoe kan ik deze vicieuze cirkel doorbreken? In eerste instantie heb ik de voeding van mijn gedachten moeten afsluiten. Wanneer mijn nare emoties mijn gedachten niet meer kunnen voeden, kan ik pas rationeel denken. Die nare emoties heb ik door middel van mijn trauma-meditatie's weggehaald. Nu blijft alleen nog de gedachte van het "waarom" over. Ik wil het gedrag van mijn moeder begrijpen. Zonder dat begrepen te hebben, zal ik datgene, wat zij mij aangedaan heeft, niet kunnen accepteren. Ik moet dus het antwoord op mijn vraag van het 'waarom' vinden. Wanneer ik weet waarom zij het gedaan heeft, kan ik haar vergeven. Na het vergeven kan ik het loslaten. Loslaten wil zeggen dat de levensgebeurtenis(sen) in mijn geheugen als 'verwerkt' opgeslagen kunnen worden. De levensgebeurtenis is 'verwerkt' wanneer er geen nare emoties en negatieve gedachten in de herinnering meer aanwezig zijn.

Stappen in het proces van vergeven en loslaten

1. Nare emoties verwerken. Afkomen van je nare emoties om rationeel te kunnen denken, zonder meegesleept te worden met je emoties.

2. De reden begrijpen. De vraag, waarom hij of zij dat jou aangedaan heeft leren begrijpen.

3. Accepteren

4. Vergeven en loslaten

Om dit beter te kunnen begrijpen zal ik je door mijn eigen proces van het 'vergeven en loslaten' leiden.

Stap 1 Nare emoties verwerken

Deze stap heb ik in mijn trauma-meditatie's beschreven. Zie mijn logboek van trauma-meditatie's. Het doel van deze stap is om van mijn nare emoties af te komen. Ik heb een stapel van trauma's verwerkt waarin mijn moeder de boosdoener was. Na deze stap kon ik rationeel denken, zonder door mijn nare emoties meegesleept te worden. Nare emoties staan rationeel denken in de weg, dus ook op het pad die leidt naar het begrijpen van de reden achter het gedrag van mijn moeder.

Stap 2 De reden begrijpen

Om je een duidelijk beeld van deze stap te geven zal eerst in het kort mijn geschiedenis vertellen.

Mijn geboorteplaats

Ik ben geboren in het zuidelijke deel van Europees-Rusland, in de stad Astrakhan. Deze stad, oorspronkelijk een Mongoolse kanaat, nam in 1333 deel uit van de Gouden Horde kanaat die opgericht was door de kleinzoon van de bekende Mongoolse veroveraar Dzjengis Khan. Nomaden, Westelijke Mongolen (Kalmyken) brachten het Tibetaanse Boeddhisme in de regio. In 1771 heeft de Russische tsarina Katerina de Grote van de Kalmyken kanaat een Russische provincie gemaakt. Ondanks de monopolie van de Russisch Orthodoxe kerk werd het Boeddhisme gerekend tot de zogenaamde "tolerante" religies. Na de Russische revolutie in 1917 kwam de communistische partij aan de macht die het Boeddhisme in de regio ging uitroeien. In 1931 is op bevel van Joseph Stalin tot collectivisatie besloten. De boeddhistische kloosters werden gesloten, de religieuze teksten verbrand en alle monniken naar de werkkampen in Siberië gedeporteerd. Daar wachtte hun hetzelfde lot als die van de Tibetaanse monniken in de werkkampen van het communistische China.

Na de val van de Sovjet Unie in 1991 kreeg Boeddhisme in de autonome republiek Kalmykia een nieuw leven. In de hoofdstad van Kalmykia, Elista, werd de grootste Boeddhistische tempel van Europa gebouwd. De Gouden tempel, een wereldwijd boeddhistisch leercentrum, met een negen meter hoog Boeddhabeeld dat in 2005 geopend werd door de Dalai Lama. De tempel is, naast vele andere bekende mensen, onder andere bezocht door Hollywood-ster en Boeddhist Steven Seagal. Kalmykia is, met iets minder dan driehonderdduizend inwoners, de enige Boeddhistische regio in Europa.

Mijn ouders

Mijn oma Katja viel altijd op de zuidelijke types. In 1937 zou zij trouwen met een stadsarchitect van Griekse afkomst. Een paar dagen voor hun bruiloft is hij door de toenmalige KGB opgepakt, veroordeeld tot "vijand van het volk en de communistische partij" en gedeporteerd naar de werkkampen in Siberië. Hij is nooit meer teruggekomen. Net als miljoenen anderen, viel hij als slachtoffer van Stalin's repressiecampagne, waarbij het land "gezuiverd" moest worden van (mogelijke) politieke tegenstanders. Ook het hoofd van de afdeling in de gemeente, waar mijn oma als budgetinspecteur werkte, was opgepakt en gemarteld. Katja moest naar de KGB op verhoor komen waar zij haar leidinggevende met een opgezwollen, bloedig gezicht, gebroken armen en bloedige wonden zag. Zij werd gedwongen om een valse verklaring te tekenen. Anders wachtte haar hetzelfde lot als die van haar leidinggevende en haar Griekse liefde.

Vlak voor de tweede wereldoorlog ontmoet zij een nieuwe liefde, een chirurg waarmee zij in 1940 in Leningrad (Sint-Petersburg) een dochter, Violette, mijn moeder, krijgt. In 1941 begint de tweede wereldoorlog. De vader van mijn moeder vertrekt als officier van medische dienst naar het front. Mijn moeder, een kind van één jaar, wordt blootgesteld aan de gruwen van de oorlog. Hongersnood, lijden, bombardementen en dode mensen zorgen voor een forse inprint in haar onderbewuste. Haar vader schrijft liefdesbrieven aan zijn vrouw Katja. Hij komt echter niet terug naar huis. Gedurende de oorlog, aan het front, krijgt hij een relatie met zijn vrouwelijke collega waarmee hij verder door het leven gaat. Na de oorlog gaat mijn oma, Katja, van haar man (mijn opa) scheiden. Katja wordt een alleenstaande moeder. Violette krijgt in haar puberteit plotseling gezondheidsproblemen. Zonder enige duidelijke oorzaak stopt zij met eten en krijgt ernstig ondergewicht. Haar artsen kunnen dat niet verklaren. Er wordt van alles uitgeprobeerd en gedaan om haar tot eten te krijgen. Het duurt nog jaren voordat zij weer aan haar gewicht komt.

Violette, bijna achttien, gaat, op zijn uitnodiging, haar vader bezoeken. Na twee dagen van reizen met de trein komt zij vroeg in de ochtend op het station aan. Hij is er niet. Na een tijdje ziet zij hem aankomen met zijn nieuwe vrouw en haar zus. 'Wat kom jij hier doen?' vraagt zijn vrouw. 'Ik kom mijn vader bezoeken', antwoordt Violette. JIJ HEBT GEEN VADER! Zegt hij. Haar vader draait zich om en vertrekt met zijn giechelende vrouwen waarbij hij blijkbaar onder de plak zit. De onwillige getuigen zijn sprakeloos. Stilte. Niemand durft iets te zeggen. Zij zorgen dat Violette veilig thuiskomt. Haar leven gaat verder. Zij gaat studeren. Op de universiteit is zij constant het middelpunt van de aandacht. Zij wil overal de eerste, de beste en de slimste zijn. Na haar universitaire studie ontmoet zij een man, mijn vader, waarmee zij gaat trouwen. Het lukt ze niet om hun kinderwens te vervullen. Mijn moeder kan niet zwanger raken. Na vijf jaar van talloze pijnlijke behandelingen wordt haar verteld dat er geen hoop meer is.

Het accepteren van dit feit valt zwaar op de relatie met haar man. Hun leven gaat verder.. Onverwacht voor iedereen raakt mijn moeder toch zwanger. Helaas wordt haar geluk snel bedorven door een ontdekking. Haar man gaat vreemd met zijn secretaresse die al zwanger van hem is. De situatie is hopeloos. Twee zwangere vrouwen met één man. Mijn moeder besluit om de knoop door te hakken. Zij pakt haar spullen en vertrek naar Astrakhan. Enkele maanden later krijgt zij mij na een moeilijke bevalling. Violette wordt een alleenstaande moeder.

Als kind van vijf jaar vertel ik mijn moeder in groot vertrouwen mijn kleine geheimpje. Ik heb in mijn broek geplast. Dat was een klein ongelukje dat ik voor anderen verborgen had gehouden en waarvoor ik mij erg schaamde. 'Mannen van vijf plassen niet in hun broek,' zei ik ik tegen mijn moeder. Mijn moeder heeft gezworen om dat aan niemand, maar ook aan helemaal niemand te vertellen. Bij het eerstvolgende feest thuis heeft zij aan tafel aan haar twaalf gasten over mijn uitspraak en ongelukje verteld. Iedereen vond het erg grappig en zij lachten voluit. Iedereen keek mij aan. Ik voelde mij belachelijk gemaakt. Zij had mij verraden. Ik voelde verdriet en veel schaamte. Ik zat aan het einde van de tafel, mij afvragend, hoe kon zij zoiets doen?! Als ik mijn eigen moeder niet kan vertrouwen, wie kan ik dan wel vertrouwen? Dat was niet een eenmalig voorval. Dit zorgde ervoor dat ik mijn gevoelens verborgen ging houden. Ik ben 10 jaar. Mijn oma gaat dood en dat heeft een enorme impact op mijn moeder.

De woede van mijn moeder wordt heftiger. Zij krijgt enorme woede-uitbarstingen waarbij zij dikwijls helemaal door het lint gaat. Zij is genadeloos. Ik ben bang dat zij mij een keer afmaakt. Ik leef in constante stress.

Wat is er aan de hand met mijn moeder?

Volgens mijn psychologe Jennifer heeft mijn moeder ernstige persoonlijkheidsstoornis(sen) uit de zogenaamde cluster B. In de psychologie wordt cluster B het dramatische, emotionele, impulsieve cluster genoemd. Het cluster bestaat uit vier persoonlijkheidsstoornissen: Borderline, Antisociale, Narcistische en Theatrale persoonlijkheidsstoornis. Na deze stoornissen bestudeerd te hebben, ben ik tot de conclusie gekomen dat mijn moeder alle vier persoonlijkheidsstoornissen heeft. Met andere worden, mijn moeder is in ernstige mate geestelijk ziek. Dit is de reden van haar gedrag. Ik vroeg mij af waar haar ziekte vandaan kwam. Het antwoord is simpel. De ziekte kreeg al de eerste wortels in 1941, het tweede levensjaar van mijn moeder, toen haar nog niet volgroeide psyche blootgesteld werd aan de gruwen van de tweede wereldoorlog. Wat gebeurt er met een kind wanneer het een ontploffing van een bom hoort? Is dat niet hetzelfde psycho-fysiologische proces van traumatisering als dat van Little Albert toen hij het harde geluid hoorde? Ik denk het wel.

Traumadomino-effect

Getraumatiseerde mensen produceren getraumatiseerde kinderen. Eén generatie geeft haar trauma's door aan de

Mijn oma met haar man in 1940

Mijn moeder 1 jaar met mijn oma in 1941

Mijn moeder 8 jaar in 1948

Mijn oma met mijn moeder in 1948

Mijn vader 26 jaar oud

Trouwerij van mijn ouders in 1965

Mijn moeder 67 jaar in 2007

volgende generatie. Ik heb mij altijd afgevraagd hoe mijn leven eruit zou zien, als mijn oma met haar Griekse liefde kon trouwen, mijn moeder geen oorlog hoefde mee te maken en de vader van mijn moeder niet naar het front hoefde te gaan. In feite hebben twee mensen het lot van mijn voorouders, zoals van miljoenen anderen, bepaald. Dat zijn Stalin en Hitler geweest. Miljoenen mensen zijn vermoord en degenen die hun dictatuur overleefd hebben, zijn getraumatiseerd. Hoe word je zo'n iemand als Stalin of als Hitler?

Stalin

Het gezin waar Josef Stalin in 1879 geboren was leefde onder armoedige omstandigheden. Door de armoede in het gezin overleefde Josef als enige van de vier kinderen. Zelf stierf hij bijna op vijfjarige leeftijd aan de pokken. De vader van Stalin was een alcoholist die goed de taal van geweld beheerste. Josef is vaak ernstig geslagen en mishandeld door zijn vader.

In 1907, slechts na één jaar van Stalin's eerste huwelijk, overlijdt zijn eerste vrouw Jekaterina Svanidze. Na de begrafenis spreekt Stalin: "Dit schepsel wist mijn stenen hart zachter te maken. Maar ze is gestorven en met haar stierven mijn laatste warme gevoelens voor het mensdom". Jekaterina laat hem een zoon na; Jacob. De bejegening en de hardheid van Stalin tegen zijn zoon, resulteert in een poging tot zelfmoord. Jacob schiet in 1928 zichzelf neer maar overleeft zijn wond. Stalin reageert: "Hij kan niet eens goed schieten!"

In 1927, stelt de Russische neuroloog en psychiater, Vladimir Bechterev, bekend van de Bechterev ziekte, bij Stalin vergevorderde achtervolgingswaanzin vast en adviseert onmiddellijke pensionering. Enige tijd later overlijdt Bechterev, zeer onverwacht.

Hitler

De vader van Adolf Hitler was geboren als onwettige zoon. Ook de vader van Hitler mishandelde Adolf en zijn andere kinderen. Om die reden vluchtte de oudste broer op dertienjarige leeftijd voorgoed van huis. Zo kwam de zevenjarige Adolf in het centrum van de gewelddadige aandacht van zijn agressieve, autoritaire vader. In 1903 kwam zijn vader plotseling te overlijden, waarmee hij Adolf op dertienjarige leeftijd achterliet als hoofd van het gezin. Toen hij ouder werd kreeg Adolf, net als zijn vader, ook woede-uitbarstingen. In 1907 overlijdt de moeder van Adolf, waarvan hij veel hield, aan borstkanker. Haar lijden en haar uiteindelijke dood heeft een grote impact op de achttienjarige Adolf. Hij ontwikkelt angst voor ziektes. Ook Hitler ontsnapt later niet van zijn achtervolgingswaanzin.

Zowel mijn moeder als Stalin en Hitler hebben geen veiligheid in hun jeugd gehad. Ook hebben alle drie een dierbare verloren die hun trauma's alleen maar versterkte. Het is niet mijn bedoeling om de daden van deze mensen goed te praten. Zij blijven daar verantwoordelijk voor. Ik ben alleen op zoek naar het puntje op de lijn van de geschiedenis waar de zaadjes van mijn eigen trauma's geplant zijn. Ik begrijp nu dat de jeugdtraumas, zoals die van mijn moeder, een kettingreactie veroorzaken. Ik heb mijn trauma's opgelopen door mijn moeders gedrag. Zij zelf is mede getraumatiseerd door mensen die zelf ook in hun jeugd getraumatiseerd zijn geweest. Dit noem ik een traumadomino-effect of een traumakettingreactie die al eeuwenlang in de wereld rondzwerft. Er zijn niet alleen mensen, maar complete naties die oorlogtrauma's oplopen. Denk bijvoorbeeld aan Joden of andere volken. De tweede wereldoorlog is niet de eerste en niet de laatste oorlog op onze planeet. Er is altijd ergens een oorlog aan de gang die een nieuwe traumakettingreactie veroorzaakt.

Stap 3 Acceptatie

Ik begrijp nu de achterliggende gronden van mijn moeders daden. Zij is zelf een slachtoffer van haar tijd. Ik wil haar niet de schuld geven maar haar ook niet van de verantwoordelijkheid voor haar daden ontslaan. Het is zoals het is. Ik heb hier vrede mee.

Stap 4 Vergeven en loslaten

Nu kan ik mijn jeugdtrauma's loslaten. Dit kost mij geen moeite omdat ik mijn nare emoties verwerkt heb en de reden van mijn moeders gedrag begrepen heb. Nu is mijn jeugd slechts een hoofdstuk uit een boek van mijn eigen geschiedenis. Ik heb mijn moeder vergeven.

Ouders-rijbewijs

Hoe kan de traumakettingreactie gestopt worden? Een trauma in een psyche van een kind kan niet altijd direct zichtbaar zijn. De gevolgen daarvan kunnen veelal pas in een volwassen leven tot uiting komen. Natuurlijk heeft lang niet iedereen een traumatische jeugd gehad. Maar kan iedereen een goede ouder zijn? Kan iedereen voldoende liefde, genegenheid, veiligheid, zorg en een goede opvoeding aan een eigen kind geven? Heeft iedereen voldoende inzicht in zichzelf? Het antwoord is nee. Ik vind dat bij toekomstige ouders op vrijwillige basis een psychologische test afgenomen moet kunnen worden voordat zij besluiten om hun kinderwens daadwerkelijk gaan vervullen. Geslaagd? Dan krijg je een bewijs van geschiktheid. Een soort van oudersrijbewijs dus. Niet geslaagd? Werk eerst aan jezelf, zoek hulp en probeer over een paar jaar opnieuw. In feite gebeurt dit al met mensen die een kind willen adopteren. Ze moeten zoveel tests en ingewikkelde procedures ondergaan omdat men zeker wilt weten dat zij de benodigde vaardigheden als ouder beschikken. Waarom worden deze mensen, die vanwege biologische redenen geen kind kunnen krijgen, op hun toekomstige ouderschap uitgebreid getest terwijl de rest alleen maar met elkaar naar bed hoeft te gaan om een kind op de wereld te zetten? Waar ligt de grens van rechtvaardigheid in deze kwestie? Zou mijn moeder een ouders-rijbewijs gehaald kunnen hebben? Het antwoord is nee. Ik, als haar zoon, zou liever bij de moeder geboren willen worden die liefde in plaats van (verbaal) geweld geeft. Getraumatiseerde mensen kosten de maatschappij miljoenen. Denk aan uitkeringen, ziektekosten, schade aan derden, etcetera. Het ouders-rijbewijs betekent dus niet alleen het nemen van verantwoordelijkheid voor je eigen kind, maar uiteindelijk ook voor de gevolgen die de maatschappij in de toekomst zal moeten bekostigen. Dit noem ik een bewuste voortplanting van menszijn. In veel landen bestaat zoiets als kinderbescherming maar niet zoiets als geboortebescherming. Wanneer een kind al geboren is en leeft in een getraumatiseerde omgeving is het al in feite te laat om in te grijpen. Het kind wordt uit zijn natuurlijke leefomgeving gehaald en van zijn ouders gescheiden, wat op zich al een trauma is. Dat is de reden waarom een ouders-rijbewijs als een goede geboortebescherming zou kunnen dienen.

Werkgedeelte

De tijd om aan het werk te gaan. Hoe goed ben je ingeburgerd in je eigen emotionele wereld? Ben je altijd je goed bewust van jouw emoties die zich achter je reacties verstoppen? Hoeveel Philippe-reacties en nare emoties kun je nu opnoemen? Schrijf ze op in je dagboek van target-gevoelens. De nare emoties kun je laten behandelen in je trauma-meditatie.

Dagboek van target-gevoelens

Noteer je Philippe-reactie en/of je nare emotie(s).

1. ……………………………………………………..
2. ……………………………………………………
3. ……………………………………………………
4. ……………………………………………………
5. ……………………………………………………
6. ……………………………………………………
7. ……………………………………………………
8. ……………………………………………………
9. ……………………………………………………
10. ……………………………………………………

Beginnen

Je kunt het beste de techtniek van 'Mindfulness based trauma treatment' in stappen leren. Zoals met auto leren rijden, begin je niet meteen met gasgeven. Begin met de basis van mediteren en mindfulness. Zorg dat je in je meditatie voldoende gezonken bent zonder je bewustzijn te verliezen (in slaap vallen). Oefen enkele keren om afstand te nemen van je nare emotie(s). Zodra je zover bent, probeer dan eerst de trauma-meditatie zonder trauma-hunting. Deze trauma-meditatie kun je gebruiken voor de nare herinerinngen waarvan je jezelf bewust bent. Je hoeft ze niet in je onderbewuste te gaan zoeken. Dat zijn nare ervaringen uit je verleden die je gewoon herinnert en moeiteloos in je geest kunt oproepen. In de de trauma-meditatie zonder trauma-hunting wordt de stap trauma-hunting overgeslagen. Na je take-off procedure begin je meteen met traumaprogrammaring.

Als deze trauma-meditatie succesvol is geweest, begin dan met de trauma-meditatie mét trauma-hunting.

Schema trauma-meditatie zonder trauma-hunting
Dit schema is bedoeld voor nare ervaringen uit je verleden waarvan je je al (of nog) bewust bent. Je kunt een herinnering bewust oproepen. Bijvoorbeeld: Ik denk aan een specifieke ervaring uit mijn verleden. Het beeld komt onmiddellijk tot mijn geest en roept nare emoties in mij op.

> **Take-off procedure**
>
> Ga lekker zitten. Sluit je ogen en ontspan je geest. Concentreer je ontspannen op je ademhaling. Volg je adem met aandacht. Laat je gedachten weggaan. Laat je geest in de lichte slaap vallen maar verlies niet je bewustzijn.

Trauma-programmering

Roep nu een, door jezelf uitgekozen, nare herrinering op (beeld, filmpje) die een nare emotie bij je oproept. Beleef deze herinnering. Vraag jezelf welke nare emotie roept deze traumatische ervaring bij mij op? Neem afstand van deze emotie. Bekijk het beeld rationeel. Maak, als het mogelijk is, contact met je leerling. Wat heeft hij nu nodig? Stel jezelf de vraag wat deze nare emotie bij hem oproept? Is dat een situatie of een handeling van iemand? Hoe kan ik die veranderen zodat de leerling zijn nare emotie in het beeld kan uiten? Welke acties kan ik inzetten zodat de leerling met positieve emotie uit de traumatische ervaring komt? Houd de emotionele toestand van de leerling constant in de gaten. Breng de leerling aan het einde naar je trauma-paradijs.

Target-gevoel check

Als alles goed is verlopen, is je target-gevoel nu minder sterk geworden. Stel jezelf de vraag; Hoe sterk is het nu aanwezig? Concentreer je weer op je target-gevoel. Herhaal de stappen van trauma-hunting en trauma-programmering totdat je target-gevoel onder 10 procent van de oorspronkelijke sterkte komt.

> **Logboek van je trauma-meditatie's**
>
> Maak in je logboek een notitie van je trauma-meditatie. Houd je emotionele toestand tijdens het schrijven in de gaten. Wat is veranderd in je emotionele beleving van je trauma's? Het kan zo zijn dat tijdens het schrijven nieuwe emoties of herinneringen tot je geest komen. Maak daar een notitie van in je dagboek van target-gevoelens.

Schema trauma-meditatie met trauma-hunting

Dit schema is bedoeld voor de nare ervaringen die je "vergeten" bent. Je hebt last van nare emoties. Je weet niet welke nare ervaringen daarvoor verantwoordelijk zijn. Bijvoorbeeld. Ik voel veel onrust maar ik weet niet waar die vandaag komt.

Take-off procedure

Ga lekker zitten. Sluit je ogen en ontspan je geest. Concentreer je ontspannen op je ademhaling. Volg je adem met aandacht. Laat je gedachten weggaan. Laat je geest in de lichte slaap vallen maar verlies niet je bewustzijn.

Trauma-hunting

Roep nu een recente ervaring op die een nare emotie bij je oproept. Neem afstand van deze nare emotie en laat de ervaring uit je geest weggaan. Deze nare emotie is nu je target-gevoel.

Bepaal de plaats van het target-gevoel in je lichaam (de keel, borst etc). Ga met je aandacht daar naartoe. Concentreer je nu op het target-gevoel en wacht. Heb geen verwachtingen. Blijf gewoon met je aandacht gericht op je target-gevoel zitten en wacht totdat een herinnering tot je geest komt*.

Trauma-programmering

Als het goed is, heb je nu een nare herinnering (beeld, filmpje). Beleef deze herinnering. Stel jezelf de vraag welke nare emotie deze traumatische ervaring bij je oproept? Neem afstand van deze emotie. Bekijk het beeld rationeel. Maak, als het mogelijk is, contact met je leerling. Wat heeft hij nu nodig? Vraag jezelf: 'Wat roept deze nare emotie bij hem op? Is dat een situatie of een handeling van iemand? Hoe kan ik die veranderen zodat de leerling zijn nare emotie in het beeld kan uiten? Welke acties kan ik inzetten zodat de leerling met een positieve emotie uit de traumatische ervaring komt? Houd de emotionele toestand van de leerling constant in de gaten. Breng de leerling aan het eind naar je trauma-paradijs.

Target-gevoel check

Als alles goed verlopen is, is je target-gevoel nu minder sterk geworden. Vraag jezelf hoe sterk deze nu aanwezig is. Concentreer je weer op je target-gevoel. Herhaal de stappen van trauma-hunting en trauma-programmering totdat je target-gevoel onder 10 procent van de oorspronkelijke sterkte komt.

Logboek van je trauma-meditatie's

Maak in je logboek een notitie van je trauma-meditatie. Houd je emotionele toestand tijdens het schrijven in de gaten. Wat is veranderd in je emotionele beleving van je trauma's? Het kan zijn dat tijdens het schrijven nieuwe emoties of herinneringen tot je geest komen. Maak daar een notitie van in je dagboek van target-gevoelens.

* Mocht er geen herinnering tot je geest komen dan kan het betekenen dat:

> ➢ Je bent niet diep genoeg in de meditatie (lichte slaap) gezonken. Daardoor heb je geen toegang tot je onderbewuste.

> ➢ Je hoofd zit vol met gedachten. Je aandacht dwaalt af van het target-gevoel. Je gedachten blokkeren de toegang tot je onderbewuste.

> ➢ Je intentie is dubbel. Je denkt dat je graag je nare herinneringen wilt opsporen terwijl je in je onderbuik voelt dat je juist geen confrontaties met je nare herinneringen wilt aangaan.

> ➢ Je bent vol verwachting wat er zal komen.
> Voordat je op jacht gaat verwacht je van tevoren dat je een eend met witte veren gaat schieten. Bijvoorbeeld: Je verwacht dat het target-gevoel een bepaalde herinnering in je geest gaat oproepen. Daarmee programmeer je het resultaat van de trauma-hunting in jezelf. Dat is niet de bedoeling. Je verwachtingen blokkeren de vrije toegang tot je onderbewuste.

> ➢ Je ben gespannen tijdens het concentreren op het target-gevoel. Concentratie betekent dat je ontspannen je aandacht op je target-gevoel richt.

➤ Je hebt geen (of onvoldoende) afstand van je nare emotie genomen. Je bent daardoor meegesleept. Bijvoorbeeld: Je voelt zoveel (onbewuste) angst dat je toegang tot je onderbewuste blokkeert omdat je niet geconfronteerd durft te worden met je nare herinneringen uit het verleden.

Logboek van trauma-meditaties

Datum

Situatie

....
....
....
....
....
....
....
....

Target-gevoel

....
....
....

Beeld (nare herinnering en trauma-programmering)

....
....
....
....
....
....
....
....
....

Metaforen

Waar is mijn plaats in dit leven?

Metafoor 'Het Blikje'

Er was een heel grote supermarkt waar veel artikelen te koop waren.

Op een dag ging een magazijnmedewerker vakken vullen. Hij zette tientallen verschillende blikjes op een kar en nam die mee naar de winkel. Onderweg verloor hij een blikje. De volgende nacht wordt het blikje wakker met een gedachte: "Hee, ik lig hier niet goed! Het is koud, donker en voelt niet goed. Ik moet ergens anders liggen!"

Het blikje stond op en ging zijn plaats in de winkel zoeken. Hij ging rij na rij de hele supermarkt rond en kon nergens "zijn plaats" vinden. Het blikje voelde zich ongelukkig en bleef zijn plaats zoeken totdat hij een muis tegenkwam: "Hoi muis", zei het blikje, "kan je mij mijn plaats aanwijzen?" "Tuurlijk", zei de muis, "jij bent rond, jij hebt van die streepjes met cijfertjes daaronder aan de zijkant, ik heb zulke blikjes bij de uitgang aan de rechterkant gezien, ik denk dat jij daar moet zijn," zei de muis.

Het blikje ging daar naartoe en zette zich tussen de andere blikjes. Na één week voelde het blikje zich daar niet gelukkig. Hij voelde zich niet thuis. Het blikje zag alleen mensen met honden voorbij lopen, die geen enkele belangstelling voor hem hadden. Het blikje vroeg aan een ander blikje dat naast hem stond: "Waarom voel ik me ongelukkig hier?"

"Jij bent hier niet op jouw plaats," zei zijn buurman. "Oja, waar moet ik dan zijn?" vroeg het blikje. "Ik weet het niet zeker", zei de buurman, "voor mij zie jij er erg stoer uit, ik zou het bij de frisdrank proberen!"

Het blikje ging naar de vakken met frisdrank en zette zich daar neer. Een week later voelde het blikje zich nog steeds ongelukkig en ging een blikje frisdrank om advies vragen. Het blikje frisdrank was een oud, wijs, over-de-datum blikje. Frisdrank zei: "Als ik jou was zou ik een nieuw etiketje in het magazijn gaan halen. Jij moet alleen weten welk etiketje het beste is om je zo goed mogelijk te verkopen. Dat is wat elk blikje wil, toch?" "Ja", zei het blikje, "ik wil heel graag mijzelf gerealiseerd zien worden!"

Het blikje ging naar het magazijn om een nieuw etiketje te halen. In het magazijn zeiden ze dat het nog twee jaar zal duren totdat het nieuwe etiketje klaar is en het blikje moet hard zijn best doen om datgene te worden wat op zijn nieuwe etiketje komt te staan.

De volgende nacht had het blikje een droom. In zijn droom kwam DE GROTE BLIKOPENER voor en zei tegen hem: "Ik ben de waarheid, ik ben het levenspad van elk blikje. De inhoud van jou bepaalt jouw plaats in de winkel en niet het etiketje. Alleen op deze wijze kan jij gerealiseerd worden met het gevoel van voldoening en geluk."

Gebruik jouw 'zelfopener' en je zal vinden wat jij zoekt.

Het leven met een trauma

WC-rolletje

Net als vele andere broertjes en zusje was het WC-rolletje geboren in een grote fabriek. Niet zo lang na zijn geboorte kreeg hij een ongeluk. Hij viel in een emmer met water waarin hij bijna was verdronken. Iemand haalde hem uit de emmer en zette hem terug op de plank. Het duurde even voordat het WC-rolletje weer droog was. Na jaren was het WC-rolletje dit ongeluk allang vergeten. In zijn leven was hij een gelukkig WC-rolletje, dacht hij. Toch had hij een paar nare emoties die geen verklaarbare reden hadden. Hij was bang voor emmers en water. Ah ja, dacht WC-rolletje, zolang ik die twee vermijd, is er niets aan de hand. Het ging best goed totdat hij een baan in een damestoilet van een fast food restaurant kreeg. Het viel hem tegen om constant in aanraking met water en emmers te komen. Natuurlijk was dat meteen in zijn gedrag en werknemershouding merkbaar. Al snel gingen zijn klanten klagen. Men zei dat hij grof tegen zijn klanten was. Tijdens zijn eerste functioneringsgesprek werd het WC-rolletje op dit feit aangesproken. "Ik zie niet wat ik fout doe!" Zei het WC-rolletje. Jij bent grof! Je moet jezelf spiegelen! Zei zijn leidinggevende. Na het gesprek voelde het WC-rolletje zich gefrustreerd en verdrietig. Hij wist niet wat hij moest doen. Uiteindelijk kwam hij tot de conclusie dat het niet aan hem lag. Dat waren de klanten en leidinggevende die helemaal niets van de kwalitatief goede dienstverlening, zoals hij die gaf, snapten. Het leven bestaat niet alleen uit het werk, dacht hij. Hij ging naar een feestje waar ook andere WC-rolletjes waren. Alle gesprekken gingen over het werk. "Ikke", zei een roze WC-rolletje, "doe vijftig klanten per dag!" "En ikke zeventig!" riep iemand anders. "En ikke tachtig", riep weer een ander WC-rolletje. "He," zei iemand. "Zie je daar die dikke WC-rol die in een BMW rondrijdt? Iedereen kent hem! Hij werkt op een benzinestation. Hij doet 250 klanten per dag! Al zijn klanten zijn tevreden. Hij doet niets aan klantenbinding en toch heeft hij honderden vaste klanten!" Door zulke gesprekken voelde het WC-rolletje zicht nog ongelukkiger. Hoe komt het dat de andere WC-rolletjes zo succesvol in hun carrière waren en hij niet? Hij snapte er niets van. Hij vroeg om advies bij een ander WC-rolletje die een jas met leuke hondjes erop aan had. Misschien moet je een andere houding aannemen wanneer je een klant helpt, gaf hij als advies. Het WC-rolletje besloot om zijn advies op te volgen. Hij heeft alle houdingen uitgeprobeerd die hij maar kon bedenken. Toch bleven zijn klanten klagen. Thuis kon hij zijn zorgen niet delen met zijn vrouw. Hun discussies over zijn grofheid liep elke keer op een ruzie uit. Het lag niet aan hem, vond hij. Elke avond stelde zij dezelfde vraag: Hoe was het op het werk? Druk, veel zware gevallen gehad, antwoordde hij dan kort. Zo ging het dag in en dag uit. Op een dag zag hij in zijn werkplaats een andere WC-rolletje. "He!? Wie ben jij? Dit is mijn werkterrein! Opzouten!" Riep het WC-rolletje. "Jij kijkt nu in de spiegel, ik ben jouw afspiegeling," zei het andere WC-rolletje. He? Afspiegeling!? "Wat moet je van mij?" riep het WC rolletje. "Jij spreekt constant met andere mensen af. Je bent constant met de problemen van anderen bezig. Ik heb ook mijn eigen problemen en behoeften. Wanneer ga je een keertje met mij afspreken?" vroeg zijn afspiegeling. "Ik heb daar geen tijd voor!" riep het WC-rolletje en spoot het spiegel vol met de WC-verfrisser zodat zijn afspiegeling niet meer zichtbaar was.

Op het werk ging het steeds slechter. De klanten bleven klagen. Slechte mond-tot-mond reclame resulteerde in de terugloop van de klanten in het fast food restaurant. Er kwam zelfs een schadeclaim! Zijn klant, een vrouw van middelbare leeftijd, had door de dienstverlening van het WC-rolletje een schade opgelopen. Zij eiste een vergoeding voor haar ziektekosten en een flink bedrag voor haar immateriële schade. Dit was de laatste druppel. WC-rolletje werd meteen uit zijn functie gezet en een paar dagen later ontslagen. Hij voelde zich gebruikt. Daar kwamen nog andere nare emoties bij. Hij voelde zich niet begrepen, in de steek gelaten, alleen en verdrietig. Het leven van een werkloze viel hem erg zwaar. Het WC-rolletje werd depressief en ging veel alcohol drinken. Op een nacht kreeg hij een droom. Hij zag een prachtige witte engel met twee kleine vleugels. "Wie ben jij?" vroeg het WC-rolletje. "Ik ben een inlegkruisje. Ik kom om je te helpen," zei de engel. "Ik wil niet meer grof zijn! Ik wil geliefd en succesvol worden! Hoe kan ik mijn leven veranderen?" smeekte het WC-rolletje. "Zoek naar de bron van je angsten. Dáár verschuilen zich de wortels van je ellende!" antwoordde de engel.

"Hoe kan ik die wortels gaan zoeken?" vroeg het WC-rolletje. "Gebruik de trauma-meditatie en je zult ze vinden," zei de engel.

Nawoord

Emoties uiten

Alle nare emoties die wij jarenlang verstoppen, vermijden en verbergen leiden tot onbewuste stress in ons lichaam. De langdurige stress is een oorzaak van vele lichamelijke ziektes. Het lang opgespaarde, opgekropte verdriet zoekt haar uiting en wordt uiteindelijk woede. Probeer je nare emoties niet te verstoppen. Zoek een veilige manier om die te uiten. De trauma-meditatie kan zo'n manier zijn.

Vraag feedback

Hoe goed ken je jezelf? Vraag je directe omgeving naar de feedback. Hoe zien ze jou? Wat vinden ze van je reacties in sommige situaties? De feedback kun je beschouwen als een cadeau waar je je voordeel mee kuntdoen.

Emoties in het dagelijkse leven

Ik kan mij voorstellen dat je het doordeweeks te druk hebt om bij elke nare emotie stil te staan. In mijn geval "parkeer" ik even de nare emotie totdat ik tijd heb. Ik maak een korte notitie in mijn agenda of in het dagboek van target-gevoelens over de nare emotie en een situatie die de emotie heeft opgeroepen. Dat kan heel kort zijn. Bijvoorbeeld: Dinsdag. Vergadering. Heb mij erg geïrriteerd over de houding van Mark. Deze irritatie is mijn target-gevoel dat ik later in mijn trauma-meditatie zal behandelen.

Met je nare emoties geld verdingen

Wil je geld met je nare emoties verdienen? Dat kan. Schrijf een boek over jezelf, je verwerking van je nare emoties en je ervaring met trauma-meditaties. Het hoeft niet ingewikkeld te zijn. Je boek kun je in drie hoofdstukken indelen. Hoofdstuk 1. Hoe ben je nu. Hoofdstuk 2. Je logboek van trauma-meditaties. Hoofdstuk 3. Hoe ben je veranderd. Met het schrijven van een boek sla je twee vliegen in één klap. Je komt van je nare emoties af en je kunt met je boek geld verdienen. Wanneer je boek klaar is en je wilt het graag uitgeven, dan kun je via mijn website een e-book "Eigen boek uitgeven" verkrijgen.

Mijn website

Op mijn website www.philippeizmailov.nl kun je gratis je dagboek voor target-gevoelens en je logboek voor trauma-meditaties downloaden. Je kunt ook op mijn website de foto's van personen uit dit boek zien en je (korte) reactie achterlaten.

Verklarende woordenlijst

Philippe-reactie – een gedragspatroon met een emotionele reactie die opgeroepen wordt door een trauma uit het verleden. Een gedragspatroon is een herhaling van hetzelfde gedrag.

Jukebox - een metafoor voor het mechanisme achter de associatie van onze emoties met (traumatische) gebeurtenisen uit het verleden en het heden.

Logboek van trauma-meditatie – een geschrift voor het bijhouden van ervaringen uit trauma-meditaties

Dagboek van target-gevoelens – een geschrift voor het noteren van nare emoties gedurende een week. Het doel hiervan is om de nare emoties later in traumamediaties als target-gevoelens te gebruiken.

Trauma-meditatie – een mindfulness gebaseerde meditatie voor het verwerken van trauma's uit het verleden. De trauma-meditatie bestaat uit de take-off procedure, trauma-hunting en trauma-programmering.

Mindfulness based trauma treatment - een mindfullnes gebaseerd process van traumaverwerking; een (zelf)behandeling die bestaat uit de trauma-meditaties en schrijftherapie (logboek van trauma-meditaties).

Target-gevoel – een nare emotie waarop men zich in de trauma-meditatie concentreert.

Muizenval – de wachttijd waarin men zich op het target-gevoel concentreert met het doel om een geassocieerde herinnering uit te lokken.

Take-off procedure - een procedure waarbij men zichzelf in een lichte slaap brengt met het doel om "the state of mind" te bereiken waarbij men toegang tot het onderbewuste heeft.

Trauma-hunting – het jagen in het onderbewuste op traumatische gebeurtenissen uit het verleden.

Trauma-programmering – herbeleven van traumatische ervaring in de trauma-meditatie waarbij de nare emoties worden geuit en vervangen door positieve emoties.

Trauma-paradijs – een zelfgecreëerde virtuele plaats in de geest waar men zich veilig, zorgenloos en gelukkig voelt.

Referenties

1. Francine Shapiro. Eye Movement Desensitization and Reprocessing: Basic Principles, Protocols, and Procedures. 2001

2. George Victor, Hitler: The Pathology of Evil. 1999

3. Simon Sebag Montefiore, Stalins jeugdjaren, van rebel tot rode tsar. 2007

4. Steven Seagal
   http://en.wikipedia.org/wiki/Steven_Seagal

5. Boeddhisme in Kalmykia
   http://en.wikipedia.org/wiki/Kalmykia

Notities

www.ingramcontent.com/pod-product-compliance
Lightning Source LLC
Chambersburg PA
CBHW031345040426
42444CB00005B/195

9789491612008